Luciana Ziglio

W0083484

Gehirnjogging
Italienisch

Hueber Verlag

Das Werk und seine Teile sind urheberrechtlich geschützt.
Jede Verwertung in anderen als den gesetzlich zugelassenen
Fällen bedarf deshalb der vorherigen schriftlichen
Einwilligung des Verlags.

Hinweis zu § 52a UrhG: Weder das Werk noch seine Teile dürfen ohne
eine solche Einwilligung überspielt, gespeichert und in ein Netzwerk
eingespielt werden. Dies gilt auch für Intranets von Firmen, Schulen
und sonstigen Bildungseinrichtungen.

3. 2. 1. | Die letzten Ziffern
2014 13 12 11 10 | bezeichnen Zahl und Jahr des Druckes.
Alle Drucke dieser Auflage können, da unverändert,
nebeneinander benutzt werden.
1. Auflage
© 2010 Hueber Verlag, 85737 Ismaning, Deutschland
Umschlaggestaltung: Parzhuber und Partner, München
Fotogestaltung Cover: wentzlaff I pfaff I güldenpfennig kommunikation gmbh,
München
Coverfoto: © fotolia/Peter Hansen
Zeichnungen: © Paola Giovinazzo, Trento
Redaktion: Stephanie Pfeiffer, Hueber Verlag, Ismaning
Layout: Erwin Schmid, Hueber Verlag, Ismaning
Satz: appel media, Oberding
Druck und Bindung: Ludwig Auer GmbH, Donauwörth
Printed in Germany
ISBN 978-3-19-207931-3

Gehirnjogging Italienisch verbindet auf unterhaltsame Weise das Erlernen der Fremdsprache – v. a. der Vokabeln – mit bewährten Techniken des Gedächtnistrainings. Die angebotenen spielerischen Übungen helfen dabei, die Sprachkenntnisse zu verbessern, den Wortschatz langfristig im Gedächtnis einzuprägen sowie Lesestrategien zu verbessern und logisches Denken zu testen.

Die dabei angewendeten Merktechniken lassen sich natürlich unabhängig von den hier angebotenen Übungen und Inhalten auch auf andere Kontexte des Fremdsprachenlernens sowie auch des Alltagsgedächtnisses übertragen.

Gehirnjogging Italienisch wendet sich sowohl an Selbstlerner, als auch an Kursteilnehmer, die bereits mit dem Italienischlernen begonnen haben. Die in den Übungen vorkommenden Vokabeln, Themen und Strukturen bewegen sich innerhalb der Niveaus A1-A2 des Gemeinsamen Europäischen Referenzrahmens für Sprachen.

Zum Aufbau von **Gehirnjogging Italienisch:**
Bevor die Übungen beginnen, wird kurz auf die Funktionsweise unseres Gehirns und Gedächtnisses eingegangen (S. 7–13). Daran schließt eine Reihe von Erklärungen der für die Übungen nützlichen Merktechniken (Memo-Tipps) an (S. 14–22).
Auf die jeweils anwendbaren Memo-Tipps wird auch neben jeder Übung durch das Symbol ▶ Memo-Tipp nochmals verwiesen (z. B. ▶ Memo-Tipp 3A).

Die Übungen (ab S. 23) nehmen größtenteils jeweils zwei Seiten ein: Die erste (= rechte) Seite dient dabei dem Einprägen und Üben der italienischen Vokabeln, Strukturen oder Texte und ist gekennzeichnet durch die Kopfzeile **MERKEN**.

Die zweite (= linke) Seite – gekennzeichnet durch die Kopfzeile **ANWENDEN** – fordert nach dem Umblättern anhand gezielter

Fragen bzw. Aufgaben dazu auf, zu testen, ob man sich alles gemerkt hat. Die Nummerierung der Übungen stimmt auf beiden, zu einer Übung gehörenden Seiten jeweils überein.

Unterbrochen werden die auf zwei Seiten angelegten Übungen hin und wieder durch sogenannte **VERSCHNAUFPAUSEN**, d. h. Übungen, die das „Jogging" unterbrechen und die Aufmerksamkeit auf andere Bereiche der Konzentration, Logik und Aufmerksamkeit lenken.

Die Übersetzung der in den Übungen verwendeten Vokabeln befindet sich im alphabetischen Wörterverzeichnis im Anhang (ab S. 144). Evtl. unbekannte Wörter können dort jederzeit nachgeschlagen werden. Die Lösungen zu den Aufgaben erfolgen entweder durch den Zusammenhang der beiden oben beschriebenen Teilschritte der Übungen oder befinden sich im Anhang (ab S. 133).

Generell handelt es sich in diesem Buch um kurze Übungen, die keinen großen täglichen Aufwand erfordern. Man könnte sie mit einer Reihe von Schritten vergleichen, die zusammen – wie bei einem echten Trainingsprozess – eine Wegstrecke ergeben. Dabei sollte man folgende Grundregel nicht aus den Augen verlieren: Lieber öfter ein kurzes Training absolvieren, als nur einmal ein langes!

Gehirnjogging Italienisch folgt der Philosophie des „Edutainments", also dem unterhaltsamen Lernen. Denn die größte Hürde für das Lernen, das Gedächtnis und die Konzentration ist die Langeweile. Darum haben wir uns bemüht, die Übungen abwechslungsreich zu gestalten, um nicht zuletzt die Vorlieben aller Lernertypen zu berücksichtigen und gleichzeitig auch jeden Lerner mit neuen und vielleicht ungewohnten Lerntechniken zu konfrontieren.

Mehr Italienisch und gleichzeitig mehr Gedächtnisleistung – das sind die Ziele, die mit Hilfe von **Gehirnjogging Italienisch** auf eine ebenso spielerische wie ernstzunehmende Weise verfolgt werden. Eine doppelte Herausforderung also. Packen wir's an!

Viel Erfolg und Vergnügen wünschen

Autorin und Verlag

Wie funktionieren unser Gehirn und unser Gedächtnis?

Bevor wir Sie mit dem Training anfangen lassen, möchten wir Ihnen auf wenigen Seiten und mit einfachen Worten einige grundlegende Dinge zu unserem Gehirn und Gedächtnis näher bringen.

Unser Gehirn kann mit einem Muskel verglichen werden, der trainiert werden muss, damit er im Laufe der Zeit nicht seine Leistungsfähigkeit verliert. Die Neurowissenschaften bestätigten uns, dass ein wacher Geist genauso getrimmt werden muss wie unser Körper beim Sport. Eine gute mentale Fitness erreicht man also nur durch regelmäßiges Üben und natürlich auch die alltägliche Inanspruchnahme unseres Gedächtnisses.

Um sich mental fit zu halten und im besten Fall das Gehirn um ein paar Jahre zu verjüngen, helfen – neben einer bewussten Förderung und Forderung des Gehirns im Alltag – auch Gedächtnisübungen und -spiele sowie nicht zuletzt das Erlernen einer Fremdsprache.

Die Verbindung „Übung – Spiel – Gedächtnis" erlaubt es, sich Vokabeln, Nummernreihen, Aufzählungen, Bilder, Reime und Lieder zu merken, indem beide Teile des Gehirns gestärkt werden: zum einen die Schärfung des analytischen und logischen Denkens (linke Gehirnhälfte) und zum anderen die Förderung der Fantasie und Kreativität (rechte Gehirnhälfte).

Das Gedächtnis

Wenn man von ‚Gedächtnis' spricht, muss man Ultrakurzzeitgedächtnis, Kurzzeitgedächtnis und Langzeitgedächtnis voneinander unterscheiden.

Das Ultrakurzzeitgedächtnis speichert und verarbeitet neue Informationen, die uns über diverse Eingangskanäle erreichen (z. B. Sinneswahrnehmungen wie visuelle oder akustische Reize, aber auch Emotionen), nur sehr kurz. Erst wenn das Ultrakurzzeitgedächtnis entscheidet, dass die eingegangene Information so wichtig ist, dass sie weiter bearbeitet werden muss – z. B. weil sie sich unserer Aufmerksamkeit aufdrängt oder weil wir uns bewusst dafür interessieren –, wird eine Weiterleitung an das Kurzzeitgedächtnis erfolgen.

Das Kurzzeitgedächtnis kann Informationen mehrere Minuten lang speichern (durchschnittlich ca. 40 Minuten). Es ist vergleichbar mit dem Arbeitsspeicher eines Computers, der ebenfalls nur eine begrenzte Kapazität hat. Das Kurzzeitgedächtnis verarbeitet Informationen, die in dem jeweiligen Augenblick von Interesse sind und muss vor dem Verarbeiten neuer Informationen wieder entleert werden. Was für uns wichtig ist und was wir unbedingt behalten wollen, müssen wir daher im Langzeitgedächtnis speichern. Beim Lernen ist es daher wichtig, nach ca. 40 Minuten eine Pause einzulegen, damit die Informationen verarbeitet werden können und man das Kurzzeitgedächtnis nicht überfrachtet.

Das Langzeitgedächtnis hat einen unbegrenzten Speicher und behält die Informationen, die dort ankommen, dauerhaft. Wenn von Gedächtnistraining oder Gehirnjogging die Rede ist, handelt es sich darum, diesen Bereich unseres Gedächtnisses zu trimmen. Informationen, die im Langzeitgedächtnis gespeichert sind, haben entweder einen großen „Eindruck" auf uns hinterlassen (z. B. besondere Erlebnisse), wurden durch Assoziationen (z. B. zu Vorwissen) gut aufbereitet und sind daher schnell wiederauffindbar, oder wurden durch Wiederholungen (z. B. in Lernprozessen) gefestigt.

Gedächtnis und Lernen

Eine wichtige Rolle für die Entfaltung des Gedächtnisses und den Lernerfolg spielen die folgenden Faktoren: Das Lernen sollte nach Möglichkeit immer in derselben Räumlichkeit stattfinden, die gut gelüftet, erholsam und einladend ist (oft reicht schon ein wenig Musik im Hintergrund und ein bisschen Ordnung). Legen Sie eine bestimmte Zeit zum Lernen fest, an die Sie sich dann halten, wenn möglich mit einem Abstand zu Erschöpfungsphasen und Mahlzeiten. Denken Sie beim Lernen auch an angemessene Pausen und Bewegung. Trinken Sie viel Wasser, das erleichtert dem Gehirn die Arbeit, und nehmen Sie nur leichte Speisen zu sich, die den Organismus nicht belasten und damit eine für das Lernen schädliche Schläfrigkeit verhindern.

Für Ihren persönlichen Lernerfolg ist es wichtig, sich über die Lernvorlieben bewusst zu werden. Überlegen Sie, was für ein „Lerntyp" Sie sind. Beantworten Sie dafür die folgenden Fragen mit „Ja" oder „Nein".

	JA	NEIN
1. Benutzen Sie vorwiegend die rechte Gehirnhälfte (Fantasie und Gefühle)?	☐	☐
2. Benutzen Sie vorwiegend die linke Gehirnhälfte (Logik, Vernunft, Abstraktion)?	☐	☐
3. Sind Sie ein visueller Lerner? Helfen Ihnen Bilder beim Lernen?	☐	☐
4. Hören Sie beim Lernen gerne Musik?	☐	☐
5. Zeichnen Sie gerne?	☐	☐
6. Bewegen Sie sich oft, wenn Sie lernen? Stehen Sie oft auf, dehnen Sie sich, gehen Sie ein paar Schritte im Raum umher?	☐	☐

Die folgende Aufstellung verrät Ihnen, welche Memo-Tipps Ihrem Lernverhalten am nächsten kommen. Sehen Sie sich dabei nur die Memo-Tipps an, die sich auf die von Ihnen mit „Ja" beantworteten Fragen beziehen. Sie werden sich im Folgenden bei den zu diesen Memo-Tipps gehörigen Übungen leichter tun, als bei anderen. Eine Erläuterung der genannten Memo-Tipps finden Sie ab Seite 14.

1. Frage ▶ Memo-Tipps 3B, 3C, 3E, 3G, 5, 6, 7

2. Frage ▶ Memo-Tipps 3F, 4, 8, 10

3. Frage ▶ Memo-Tipp 3E

4. Frage ▶ Memo-Tipps 3B, 3C

5. Frage ▶ Memo-Tipps 3D, 3E

6. Frage ▶ Memo-Tipp 3D

Aber warum sollte man nicht auch andere, bisher ungenutzte Techniken und Strategien ausprobieren? Sie könnten auf diese Weise positive Erfahrungen machen und neue Seiten an sich und Ihrem Lernverhalten entdecken. Vielleicht behalten Sie die eine oder andere hinzugewonnene Technik sogar in Zukunft bei.

Testen Sie auf den folgenden zwei Seiten nun Ihre Auffassungs- und Beobachtungsgabe. Die Beispielübungen zum Wörtergedächtnis enthalten an dieser Stelle noch deutsche Wörter. Sie begegnen hier nun auch der in den folgenden Übungen (ab S. 23) verwendeten Seitenaufteilung in **MERKEN** (rechte Seite) und **ANWENDEN** (linke Seite).

1. **Lesen Sie die folgenden Wörter ca. 30 Sekunden lang.**
   Versuchen Sie dabei, sich die Wörter einzuprägen.
   Blättern Sie im Anschluss daran eine Seite weiter.

Brot	Fenster	Buch	Wald	Liebe
sprechen	zwei	Berlin	Neffe	Adresse

2. **Prägen Sie sich die folgenden Wörter ein. Blättern Sie dann**
   um.

Arm	Bein	Kopf	Hand	Fuß
Auge	Mund	Nase	Knie	Hals

3. **Sehen Sie sich die Spielkarten eine Minute lang an.**

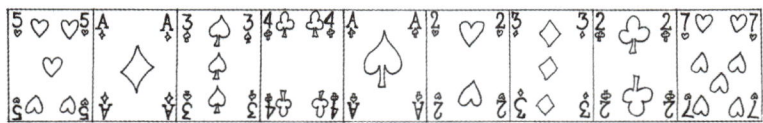

4. **Bilden Sie den Zahlenkasten in Gedanken eine Minute lang ab.**

8	0	7
2	4	9
6	5	1

1. **Wie ist es Ihnen ergangen? Haben Sie sich alle Wörter gemerkt? Versuchen Sie die Wörter aufzuschreiben.**

_____

_____

2. Unterstreichen Sie die neuen Wörter.

Mund	Hüfte	Arm	Bein	Kopf	Hand	Ellenbogen

Fuß	Auge	Nase	Knie	Lippen	Hals	Ohr

3. Welche Karten sind verschwunden?

4. Beantworten Sie die Fragen.

a. Wie lautet die Zahl in der Mitte? _____

b. Was ergibt sich, wenn Sie die Zahlen der ersten Spalte zusammenzählen? _____

c. Was erhalten Sie, wenn Sie die letzte Zahl von der ersten abziehen? _____

Betrachten wir das Ergebnis der ersten beiden Aufgaben. Wenn es Ihnen gelungen ist, sich sechs oder sieben der Wörter zu merken, haben Sie schon ein recht gutes Gedächtnis.

In beiden Aufgaben war es das Ziel, sich zehn Wörter zu merken. Es handelte sich bei beiden Aufgaben um Wörter des Basiswortschatzes. Überlegen Sie nun, welche der beiden Aufgaben Ihnen einfacher vorkam und warum.

Sicherlich war die zweite Aufgabe für Sie leichter, ganz einfach deshalb, weil die Wörter sich alle im Umfeld ein und desselben Bedeutungsbereichs befinden und sich Verknüpfungen (Assoziationen) dadurch schneller bilden.

Mit den im Folgenden dargestellten Memo-Tipps wollen wir Sie unterstützen, solche Assoziationen zu bilden. Sie werden Ihnen helfen, Ihr Gedächtnis zu verbessern.

Wenn Sie die dritte und vierte Aufgabe lösen konnten, Kompliment. Falls nicht, wird Ihnen dieses Buch auch in diesem Bereich weiterhelfen, denn Sie werden Aktivitäten vorfinden, in denen Sie auch Ihre Beobachtungsgabe trainieren werden.

1. Grundregel

Beim Joggen ist es schlecht, nur einmal in der Woche vier Stunden am Stück zu trainieren. Das Gleiche gilt für das (Sprachen-) Lernen. Es ist besser, sich beständig ca. 20 Minuten am Tag anzustrengen (am besten zehn Minuten am Morgen und zehn Minuten am Nachmittag), als vier Stunden ununterbrochen an einem einzigen Tag. Und wenn Sie einmal nicht die Zeit oder die Energie haben, sich einem neuen Lernstoff – wie z. B. neuen Vokabeln – zu widmen, dann blättern Sie wenigstens ein paar Minuten Ihre Lernkartei durch (vgl. Memo-Tipp 2).

2. Lernkartei

Man lernt – besonders Vokabeln – auch, wenn man das Gelernte aufschreibt. Schreiben Sie also jede italienische Vokabel, die Sie lernen möchten, auf Karteikarten.

Vorderseite   Rückseite

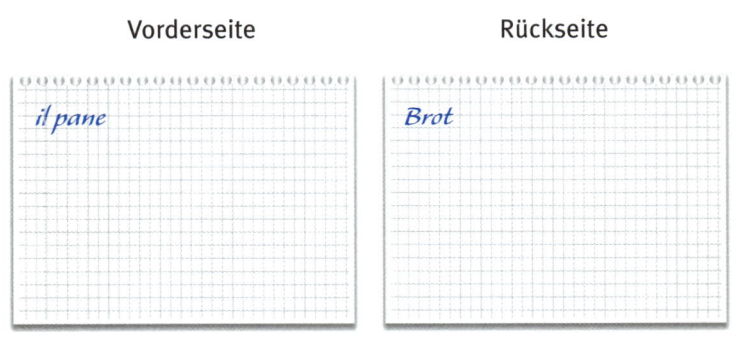

il pane   *Brot*

Bauen Sie sich auf diese Weise eine Lernkartei auf. Schreiben Sie die verschiedenen Vokabeln jeweils auf Karteikärtchen – evtl. auch mit Angaben zu Artikel, unregelmäßigen Pluralformen, Betonungen etc.

Unterteilen Sie die Lernkartei in drei Bereiche. Verwenden Sie für die Unterteilung z. B. Karteikarten in einer anderen Farbe oder Größe. Ganz hinten ordnen Sie diejenigen Karteikarten ein, deren Vokabeln sie meinen zu beherrschen, in der Mitte diejenigen, die Sie weniger gut beherrschen und ganz vorne diejenigen, die neu oder nicht (mehr) bekannt sind.

Beginnen Sie beim Lernen bzw. Wiederholen immer vorne in der Lernkartei (Bereich der neuen oder nicht gewussten Vokabeln) und arbeiten Sie sich dann in den nächsten Bereich vor. Vergessen Sie dabei nicht, dass man ab und zu auch diejenigen Vokabeln wiederholen muss, die man zu kennen glaubt. Ziel ist es, den dritten Bereich – also die Anzahl der beherrschten Vokabeln – mehr und mehr zu erweitern. Dadurch steigern Sie den Langzeit-Lerneffekt.

Wiederholen Sie die Vokabeln ab und an auch in umgekehrter Sprachreihenfolge. Und denken Sie daran, auf den Karteikärtchen Platz für neue Wörter oder Satzbeispiele zu lassen. Die Karteikarte von S. 14 könnte nach einiger Zeit so aussehen:

Vorderseite	Rückseite
il pane	*Brot*
Mangio spesso il pane.	*Ich esse oft Brot.*
pane duro, fresco, secco	*altes, frisches, trockenes Brot*
il panettiere, il panificio	*Bäcker, Bäckerei*
Pane al pane, vino al vino.	*Das Kind beim rechten*
(modo di dire)	*Namen nennen. (Redensart)*

Auf diese Art und Weise wird die Lernkartei für Sie interessanter und wirkungsvoller, weil sie nach Ihren eigenen Bedürfnissen und Maßstäben angelegt ist.

3. Assoziationstechniken

Es gibt viele verschiedene Assoziationstechniken. Assoziation meint hierbei Verknüpfung und bedeutet in Bezug auf unser Gedächtnis, dass ein Assoziationsglied eine andere oder sogar mehrere andere Assoziationen zur Folge hat. Die Fähigkeit zu assoziieren ist also eine der Grundvoraussetzungen für unser Gedächtnis. Grundlage für gutes Assoziieren sind eine gute Vorstellungskraft, Kreativität und Fantasie. Besonders wirksam sind zusätzlich Verknüpfungen mit unserem Alltagsleben, so z. B. die Zuordnung von Eigenschaftswörtern zu Personen, auf die diese zutreffen: *Hans è pigro*.

3A Synonyme, Gegenteile und semantische Felder

Verknüpfen Sie ein Wort mit seinen Synonymen (= sinnver-wandte Wörter, z. B. *automobile = macchina*), seinen Gegen-teilen (z. B. *bello ≠ brutto*), lernen Sie es zusammen mit einem geeigneten Adjektiv (z. B. *anno → anno scolastico*) oder ordnen Sie es in ein semantisches Feld ein (= Wörter die demselben Bedeutungsbereich entspringen, z. B. *albero, giungla, bosco, ...*).

3B Klänge und Geräusche

Wörter lassen sich natürlich auch mit Musik, Klängen oder Geräuschen in Verbindung bringen. Haben Sie nicht auch schon versucht, den Text eines schönen fremdsprachigen Liedes zu verstehen? Vielleicht haben Sie auch versucht, das Lied auswendig zu lernen. Sie werden dabei gemerkt haben, dass die Verbindung Text – Melodie beim Lernen sehr nützlich ist. Genauso können Sie versuchen jeden anderen zu lernenden Text mit einer Melodie, die Sie gut kennen, zu verbinden.

3C Reime

Auch Reime sind Teil der Wort-Assoziationen aus dem Bereich der Musik bzw. Rhythmik. Reime helfen dabei, sich Wörter oder Sätze besser zu merken und zu erinnern, auch wenn sie insgesamt Unsinn ergeben. Sie werden vielleicht feststellen, dass Sie sich absurde Reime besonders gut merken können: Vado sul balc**one** e mangio un mel**one**. Apro la p**orta** e incontro una t**orta**.

3D Bewegung

Das, was Sie lernen, kann in eine körperliche Aktivität oder Bewegung verwandelt werden. Sie können beispielsweise beim Lernen durch Ihre Wohnung gehen und auf die Dinge, deren Bezeichnung Sie in der Fremdsprache lernen möchten, zeigen und das entsprechende Wort dabei laut aussprechen.
Auch das Bewegen der Hand bzw. des Armes beim Zeichnen dessen, was man lernen möchte, gehört zu dieser Technik.
Falls Sie sich beim Lernen bisher nicht bewegt haben und dieser Möglichkeit eher skeptisch gegenüberstehen, vielleicht möchten Sie es einmal ausprobieren?

3E Bildhaftes Denken

Vor allem dem visuellen Lerntyp hilft die Assoziation Wort-Bild. Es ist erwiesen, dass unser Gedächtnis Bilder sehr viel besser speichert als Wörter. Sie können also z. B. in Ihrer Lernkartei Bilder oder Zeichnungen neben den jeweiligen Begriffen bzw. Sätzen anbringen.
Sie können aber auch versuchen, sich Bilder zu „erdenken". Schließen Sie dabei die Augen und erstellen Sie eine Gedankenverbindung zu dem zu lernenden Wort oder Satz durch ein Bild. Es ist ganz wichtig, dass Sie dieses Bild „sehen" – z. B. versuchen es auf Ihr Lid zu projizieren – und nicht nur daran denken.

3F Zahlen

Zahlen lassen sich mit Formen oder Reimen assoziieren. Mit diesen Techniken ist es möglich, sich PINs, Telefonnummern, wichtige Daten etc. zu merken.

Die Verbindung Zahl-Form arbeitet mit formähnlichen Bildern, die den Zahlen jeweils zugewiesen werden. Wie bereits erläutert, kann sich unser Gedächtnis Bilder besser merken als abstrakte Wörter oder auch Zahlen. Beispiele für die Zahlen 0 bis 9:

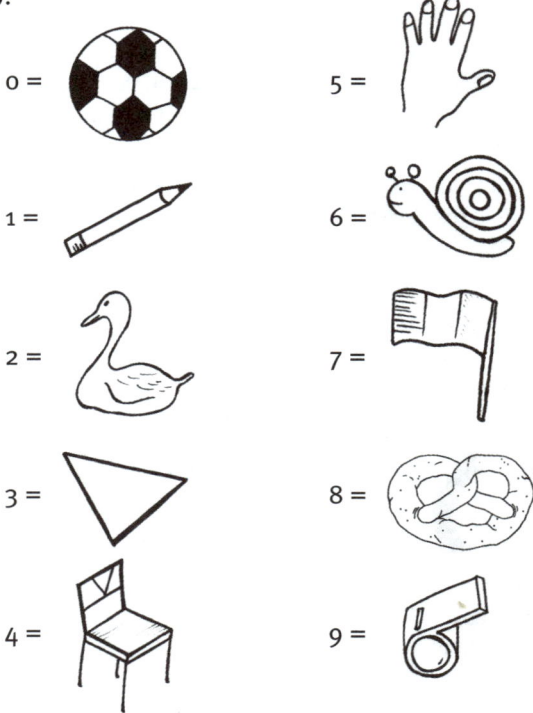

0 =

1 =

2 =

3 =

4 =

5 =

6 =

7 =

8 =

9 =

Wenn Sie versuchen, diese Bilder in eine zusammenhängende – und evtl. „merk"würdige – Geschichte zu verwandeln, dann fällt es Ihnen noch leichter, sich die Zahlenkombinationen zu merken. Die Verbindung Zahl-Reim bzw. Assonanz (Gleichklang) – je

eigenartiger, desto besser merkbar – kann eine weitere Hilfe-
stellung bei der Bildfindung für die Zahlen sein. Beispiele für
die Zahlen eins bis zehn: **ein**(s) = B**ein**, zwei / zw**o** = Str**oh**,
d**rei** = B**rei**, v**ier** = B**ier**, **fünf** = Str**ümpf**e, se**chs** = He**x**e,
s**ieben** = R**üben**, **acht** = N**acht**, **neun** = Sche**un**e, z**ehn** = R**en**.
Auch hier kann die Verbindung der einzelnen Bilder zu einer
Geschichte sehr nützlich sein.
Und wenn Sie sich Ihre eigenen Bilder ausdenken möchten,
lassen Sie Ihrer Kreativität und Fantasie freien Spielraum.

3G Tasten, Fühlen und Riechen

Auch wenn diese Technik schwer im Bereich des Sprachen-
lernens anwendbar ist, sind diese Sinneseindrücke für das
Gedächtnis sehr nützlich. Gegenstände, ohne sie zu sehen,
anhand ihrer Form oder ihres Geruches bzw. Duftes zu erkennen
und zu bestimmen, entwickelt auch die Fähigkeit, sich an deren
Bezeichnung in der Fremdsprache zu erinnern.

4. Kontextualisierung und Abstraktion

Kontextualisieren Sie Vokabeln, d. h. lernen Sie ganze Sätze
und nicht einzelne Wörter. Es ist sehr viel leichter sich ganze
Ausdrücke oder Sätze zu merken, als einzelne Wörter. Also z. B.
"Mi piace il pane." anstatt nur "il pane". Verbinden Sie ein Verb
mit mehreren Substantiven – "ascoltare la musica / la radio /
una trasmissione" oder lernen Sie Redensarten und Sprichwörter. Ergänzen Sie auch Ihre Karteikarten mit Sätzen und Wort-
verbindungen (vgl. Memo-Tipp 2. Lernkartei).
Wenn Sie mit Grammatikregeln konfrontiert sind, dann wiederholen Sie sie am effektivsten, indem Sie versuchen diese
selbstständig aus einem (Kon)text zu erschließen (abstrahie-
ren) und mit eigenen Worten wiederzugeben.

5. Kreativität und Fantasie

Schon mehrfach ist die Wichtigkeit der Fantasie und Kreativität für das Gedächtnis angesprochen worden. Wenn Sie beispielsweise eine Reihe von Vokabeln ohne Zusammenhang lernen müssen, versuchen Sie sich unter Verwendung der zu lernenden Wörter ein Bild, eine Geschichte oder sogar eine Art Comic auszudenken. Je absurder oder „merk"würdiger diese Verbindung der Wörter ist, desto einfacher werden Sie sie sich merken können.

Ein Beispiel: *piatto – finestra – zio – televisione – pavimento – pesce*. Sie könnten an Ihren Onkel (*zio*) denken, der auf dem Fußboden (*pavimento*) sitzt und von einem Teller (*piatto*) isst, daneben ist ein Fisch (*pesce*), der vom Fenster (*finestra*) aus fernsieht (*televisione*).

6. Wortspiele

Eine große Portion Fantasie ist auch für Wortspiele nötig. Sie können z. B. aus einem Wort andere Wörter bilden, indem Sie sie auseinandernehmen und entweder alle Buchstaben – *corpo / porco* – oder nur einen Teil der Buchstaben – *corpo / coro* – wiederverwenden. Sie können auch einfach nur einen Buchstaben ändern und neue Wörter bilden: *mare / male / mele* etc. Auflistungen können Sie sich auch anhand der Bildung von Fantasieworten merken, indem Sie beispielsweise die Anfangssilben zu neuen Wörtern zusammenfügen.

7. Eselsbrücken

Eselsbrücken helfen beim Lernen von Fakten oder Daten durch leicht zu merkende Sprüche. Sie erinnern sich bestimmt noch an Eselsbrücken wie „Sieben, fünf, drei – Rom schlüpft aus

dem Ei." oder „Drei, drei, drei – bei Issos Keilerei." aus dem
Geschichtsunterricht. Neben den in diesen Beispielen ver-
wendeten Reimen, ist auch die Technik der Verwendung von
Anfangsbuchstaben einer Reihe von wichtigen Fakten in einem
neuen Kontext sehr verbreitet, so z. B. bei der Reihenfolge der
Planeten unseres Sonnensystems: „**M**ein **V**ater **e**rklärt **m**ir
jeden **S**onntag **u**nsere **N**achbarplaneten." (**M**erkur, **V**enus, **E**rde,
Mars, **J**upiter, **S**aturn, **U**ranus, **N**eptur)
Mit etwas Fantasie können Sie sich für Ihre Lerninhalte ähnliche
Eselsbrücken bauen.

8. Aufmerksamkeit und Konzentration

Ein gutes Gedächtnis ist nur dann garantiert, wenn man – beispielsweise beim Lesen und Lernen oder auch beim Betrachten
von Bildern, Grafiken und Plänen – den richtigen Grad an Aufmerksamkeit und Konzentration walten lässt.
Wörtlich meint Konzentration das Lenken des Bewusstseins auf
einen Mittelpunkt, wie z. B. das jeweils zu lernende Thema, ein
zu betrachtendes Bild oder einen zu lesenden Text. Aufgrund
des uns umgebenden großen Reizangebots ist es aber nicht
immer leicht, die nötige Aufmerksamkeit und Konzentration
über längere Zeit beizubehalten. Wenn Sie merken, dass Sie
beim Lernen vom Thema abschweifen, können Sie u. a. durch
folgende Übungen Ihre Konzentration wieder schärfen:

– Nehmen Sie sich einen beliebigen Text und lesen Sie für ca.
  drei Minuten nur die Silben (mit jeweils zwei Sekunden
  Abstand von Silbe zu Silbe).
– Üben Sie ca. drei Minuten lang die Bauchatmung (beim
  Einatmen in den Bauch wölbt sich dieser sichtbar nach
  außen).
– Lesen Sie einen Text um 180° gedreht (also auf dem Kopf
  stehend).

9. Lesestrategien

Wenn Sie möglichst viele Informationen aus gelesenen Texten behalten wollen, müssen Sie – noch bevor Sie mit der Gedächtnisarbeit beginnen – Ihre Lesetechnik verbessern. Ab Seite 115 werden Sie mit verschiedenen Lesestrategien und dazugehörigen Übungen vertraut gemacht.

10. Logik

Die sehr stark auf Kreativität und Fantasie ausgerichteten vorangegangen Memo-Tipps haben sich auf die rechte Gehirnhälfte bezogen, dem Sitz unserer künstlerischen, erfinderischen und emotionalen Fähigkeiten. Der breite Raum, der diesen im Bereich der rechten Gehirnhälfte angesiedelten Techniken gegeben wurde, ergibt sich aus der Tatsache, dass sich das „normale", Ihnen bekannte Lernen, hauptsächlich im Bereich der linken Gehirnhälfte abspielt, die für Logik, Analyse und Organisation zuständig ist. Da wir nur dann das Potential unseres Gehirns nutzen, wenn beide Gehirnhälften zusammenarbeiten, werden Ihnen auch Übungen zum logischen Denken begegnen.

Auf der folgenden Seite beginnen die Übungen, in denen Sie viele der zuvor genannten Memo-Tipps umsetzen können. In der Randspalte führt Sie das Symbol ▶ Memo-Tipp zurück zu den Erläuterungen des jeweils anwendbaren Memo-Tipps.

Bevor Sie die Arbeitsanweisung lesen und sich die italienischen Vokabeln einzuprägen versuchen, überfliegen diese kurz und gehen Sie sicher, dass Sie die Bedeutungen kennen. Bei Verständnisschwierigkeiten hilft das alphabetische Wörterverzeichnis (Italienisch – Deutsch) ab S. 144 weiter.

1. Vielleicht sitzen Sie gerade an Ihrem Schreibtisch und sind von den folgenden Gegenständen umgeben. Ergänzen Sie den Artikel und prägen Sie sich dann die Gegenstände in der angegebenen Reihenfolge ein.

▶ Memo-
Tipp
3A + 3E

1. _____ tavolo	7. _____ temperamatite
2. _____ sedia	8. _____ gomma
3. _____ libro	9. _____ lampada
4. _____ dizionario	10. _____ righello
5. _____ biro	11. _____ quaderno
6. _____ matita	12. _____ occhiali

2. Lesen Sie die folgenden Zahlen laut auf Italienisch vor und prägen Sie sie sich ein.

▶ Memo-
Tipp 3F

3	0	17
5	11	6
16	1	8

1. **In welcher Reihenfolge wurden die Gegenstände aufgelistet?**

   ☐ la gomma   ☐ la lampada

   ☐ la matita   ☐ il dizionario

   ☐ il tavolo   ☐ la biro

   ☐ la sedia   ☐ il temperamatite

   ☐ gli occhiali   ☐ il righello

   ☐ il libro   ☐ il quaderno

2. **Schreiben Sie in Worten auf Italienisch diejenigen Zahlen bis 20, die nicht Bestandteil der Tabelle sind.**

   _____

   _____

   _____

   _____

3. **Lesen Sie die folgenden Sätze und verbinden Sie sie mit den entsprechenden Orten auf der Karte. Merken Sie sich dann die Sätze.**

▶ Memo-Tipp 3E

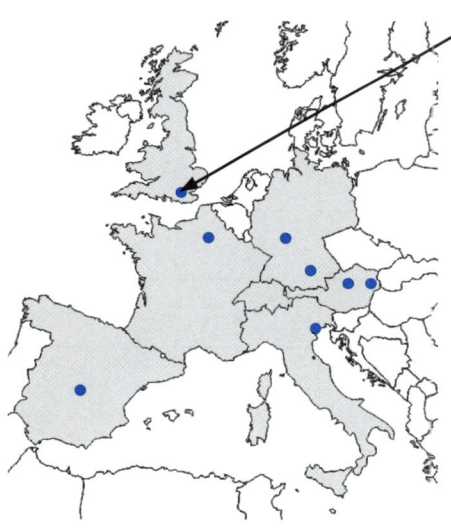

John è di Londra.

Klaus è di Francoforte.

Bernadette è di Parigi.

Eva è di Linz.

Clara è di Venezia.

Claudia è di Vienna.

Felipe è di Madrid.

Hans è di Monaco.

4. **Einfache Reime oder Liedstrophen helfen beim Lernen. Konzentrieren Sie sich auf die folgenden Verse, die jedes italienische Kind in der Schule lernt, um sich die Anzahl der Tage in einem Monat zu merken.**

▶ Memo-Tipp 3C

> 30 giorni ha novembre,
> con april, giugno e setiembre.
> Di 28 ce n'è uno.
> Tutti gli altri ne han 31.

3. **Erinnern Sie sich, woher die Personen kommen? Schreiben Sie Sätze mit Nationalitätenadjektiven. Wenn es Personen mit derselben Nationalität gibt, orientieren Sie sich am angegebenen Beispiel.**

1. *Claudia e Eva sono* _____

2. _____

3. _____

4. _____

5. _____

6. _____

4. **Schreiben Sie diejenigen Monate auf Italienisch, die nicht in den Versen vorkommen.**

_____   _____

_____   _____

_____   _____

_____   _____

5. Prägen Sie sich die folgenden Wörter ein.

▶ Memo-
Tipp
3A + 3E

l'operaio	le tagliatelle
il commesso	l'insegnante
la cotoletta	il medico
la sogliola	l'affettato
l'ingegnere	il risotto

6. Lesen Sie die folgenden Uhrzeiten laut auf Italienisch vor und prägen Sie sie sich ein.

▶ Memo-
Tipp
3A + 3E

1.

4.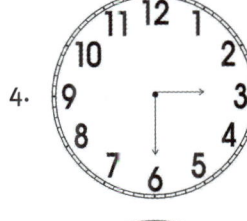

2.

5.

3.

6.

5. Die Wörter auf der vorangegangenen Seite haben Gemein-
samkeiten. Wie lauten die entsprechenden Oberbegriffe auf
Italienisch? Ordnen Sie die Wörter diesen Oberbegriffen zu.

_____ :

_____

_____

_____ :

_____

_____

6. Machen Sie neben diejenigen Uhrzeiten ein Kreuzchen,
die auf der vorangegangenen Seite abgebildet sind.

☐ Sono le sei e quaranta.   ☐ È mezzogiorno.

☐ È mezzanotte.   ☐ È l'una e dieci.

☐ Sono le quattro meno   ☐ Sono le sei e tre quarti.
   un quarto.

☐ Sono le tre e trentacinque.   ☐ Sono le sette meno venti.

7. **Prägen Sie sich den folgenden Satz ein.**

▶ Memo-
Tipp 4

Mi chiamo Mario, abito in Italia, a Milano, sono uno studente di architettura, ma al momento lavoro nello studio di un amico di mio padre.

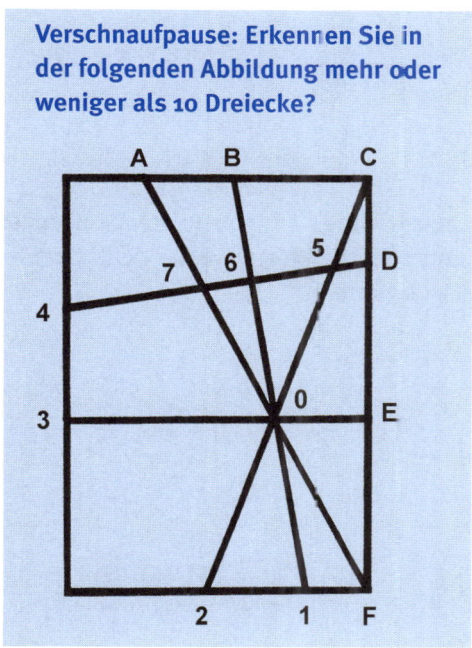

Verschnaufpause: Erkennen Sie in der folgenden Abbildung mehr oder weniger als 10 Dreiecke?

8. **Welche Angaben finden Sie auf dem Reisepass? Prägen Sie sich die folgenden Wörter ein.**

▶ Memo-
Tipp
3A + 3E

cognome	nome	data di nascita
sesso	luogo di nascita	data di rilascio
	data di scadenza	

7. Erinnern Sie sich an die Informationen?
Vervollständigen Sie den Satz.

Si chiama _____ , abita a _____ , in

_____ . Studia _____ , ma lavora

anche nello _____ di un amico di suo

_____ .

8. Wir haben eine wichtige Angabe auf dem Reisepass vergessen.
Welche? Tragen Sie die Wörter an der richtigen Stelle ein und
Sie werden es erfahren.

Lösung:

9. **Prägen Sie sich jede der Zahlen ein und blättern Sie dann um.** ▶ Memo-Tipp 3F

duemilacinquecentosessantadue

quindicimilaottocentoventisette

centoventottomilaquattrocentoventisei

trecentoventisettemilaottocentoquattordici

un milione novecentocinquemilatrecentosessantasei

due miliardi e otto

10. **Merken Sie sich die folgenden Wörter aus dem Bereich Nahrungsmittel.** ▶ Memo-Tipp 3A + 3E

carne	latte
pesce	prosciutto
arrosto	uova
gelato	burro
fragole	salame
frutta	lasagne

9. **Schreiben Sie die Zahlen in Ziffern.**

_____

_____

_____

_____

_____

_____

10. **Welche der Wörter sind maskulin und enden auf -e?**
    Welche Wörter auf -e (im Singular) sind feminin? Und welches
    Wort weist eine unregelmäßige Pluralbildung auf?

    1. maschili in -e:

    _____

    2. femminili in -e:

    _____

    3. plurale irregolare:

    _____

11. **Ordnen Sie die folgenden Wörter den Zeichnungen zu und prägen Sie sie sich ein.**

▶ Memo-Tipp 3E + 3G

piatto di spaghetti   torta   tazza di caffè   piedi sudati

pesce marcio   bidone delle immondizie   fiore   puzzola

_____

_____

12. **Merken Sie sich die folgenden Sätze.**

▶ Memo-Tipp 4

Lunedì c'è il mercato.   Venerdì c'è il Giro d'Italia.

Martedì c'è una festa in piazza.   Sabato c'è un bel film.

Mercoledì ci sono gli esami.   Domenica c'è il concerto.

Giovedì ci sono le elezioni.

11. Ordnen Sie die Wörter den folgenden Oberbegriffen zu.

☺ profumo: _____

_____

☹ odore sgradevole: _____

_____

12. Antworten Sie mit „sì" oder „no".

		sì	no
1.	Lunedì c'è il mercato?	☐	☐
2.	Martedì ci sono gli esami?	☐	☐
3.	Mercoledì ci sono le elezioni?	☐	☐
4.	Giovedì c'è il Giro d'Italia?	☐	☐
5.	Venerdì c'è una festa in piazza?	☐	☐
6.	Sabato c'è un bel film?	☐	☐
7.	Domenica c'è il concerto?	☐	☐

13. Sie haben den Tisch gedeckt. Betrachten Sie die Gegenstände aufmerksam und sprechen Sie laut deren italienische
Bezeichnungen. Die Wortliste hilft Ihnen dabei. Prägen Sie
sich dann die Zeichnung ein.

▶ Memo-
Tipp
3E + 8

| un bicchiere | una forchetta | un cucchiaino | il sale | l'aceto |
| un piatto | un cucchiaio | il pepe | l'olio | |

14. Wie steht es um Ihre Logik? Lesen Sie die folgenden
Zahlenreihen laut auf Italienisch vor und setzen Sie sie
logisch fort. Merken Sie sich das jeweilige Kriterium,
das hinter den Zahlenreihen steckt.

▶ Memo-
Tipp 10

1. Zahlenreihe: 3 – 6 – 9 – 12 – _____

2. Zahlenreihe: 21 – 19 – 17 – 15 – _____

3. Zahlenreihe: 2 – 4 – 8 – 16 – _____

4. Zahlenreihe: 5 – 11 – 23 – 47 – _____

13. **Was haben Sie beim Tischdecken vergessen? Nun ist die Zeichnung vollständig. Welche Gegenstände wurden hinzugefügt?**

_____

14. **Hier sehen Sie nun die Zahlen, die Sie auf der vorangegangenen Seite geschrieben haben (sollten). Können Sie jetzt jeder Zahlenreihe aus dem Gedächtnis noch eine weitere Zahl hinzufügen?**

1. Zahlenreihe: 15 – _____

2. Zahlenreihe: 13 – _____

3. Zahlenreihe: 32 – _____

4. Zahlenreihe: 95 – _____

15. Schreiben Sie unter jede Zeichnung wie im Beispiel den
entsprechenden italienischen Ausdruck. Prägen Sie sich dann
die Zeichnungen ein.

▶ Memo-
Tipp
3A + 3E

mela	uva	aglio	castagna
~~pomodoro~~	cipolla	zucchino	carciofo

pomodoro

16. Sie kennen ganz bestimmt die Melodie von „Happy Birthday"
(auf Italienisch „Tanti auguri a te"). Mit dieser Melodie
können Sie den folgenden kurzen Liedtext singen und sich
einprägen.

▶ Memo-
Tipp
3B + 3C

Ha una camera per me?
Ha una camera per me,
per tre giorni e due notti,
dal ventuno al ventitrè?

Per adesso non c' è.
Per adesso non c' è.
Mi dispiace, signora,
ma riprovi alle tre.

15. Ihre Einkaufstasche hatte ein Loch. Was haben Sie verloren?

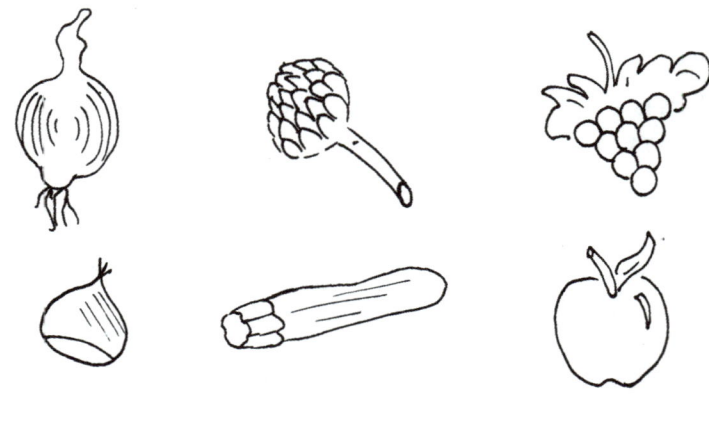

---

16. Haben Sie den Liedtext auswendig gelernt?
    Dann beantworten Sie die folgenden Fragen mit „vero"
    oder „falso".

    La signora ...   vero   falso

    1. ... cerca una camera.   ☐   ☐

    2. ... vuole la camera per tre notti.   ☐   ☐

    3. ... vuole la stanza dal 20 al 23.   ☐   ☐

    4. ... deve ritelefonare alle 4.   ☐   ☐

17. Prägen Sie sich die folgenden Wörter bzw. Wortgruppen
ein.

▶ Memo-
Tipp
3A + 4

guardare	la tv
andare	in palestra / in montagna / in bicicletta / a sciare / a ballare
giocare	a tennis / a carte / a calcio
navigare	su Internet
fare	una passeggiata / due passi
restare	a casa
ascoltare	musica

Verschnaufpause: Bevor Sie die Aufgabe lesen, gehen Sie
sicher, dass Sie die folgenden Ausdrücke kennen: *ci vuole,
più tempo, il doppio, la metà.* Beantworten Sie die Frage
dann schnell und spontan.

Ci vuole più tempo per studiare 20 vocaboli o il doppio
della metà di 20 vocaboli?

18. Prägen Sie sich die folgenden Adverbien ein.

▶ Memo-
Tipp
6 + 8

SOPRATTUTTO   VOLENTIERI   MOLTISSIMO   PER NIENTE

17. Unterteilen Sie die Wörter und Wortgruppen nach folgenden Kriterien:

persona attiva:

_____

_____

_____

persona sedentaria:

_____

_____

_____

18. Unterstreichen Sie die Wörter bzw. Ausdrücke, die sich aus den einzelnen Buchstaben der vorangegangenen Adverbien bilden lassen.

NON	AFFATTO	VERAMENTE
MI PIACE	ODIO	TEMPO
TEMPO LIBERO	INVITO	ATTIVITÀ
CINEMA	TEATRO	POCO

19. Prägen Sie sich die folgenden Wörter ein.

▶ Memo-
Tipp 3C

insalata	salumiere	giorno	preferire
telefonare	città	forno	finestra
minestra	attività	finire	bicchiere
frittata	prenotare		

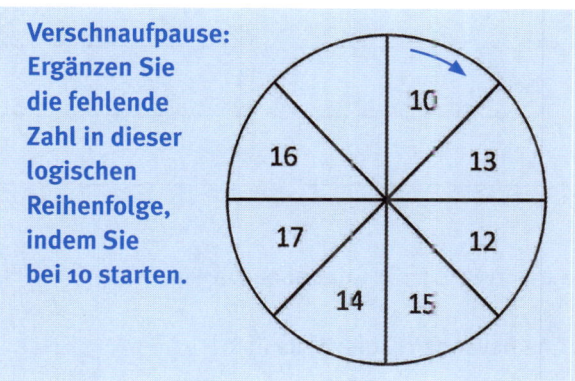

Verschnaufpause: Ergänzen Sie die fehlende Zahl in dieser logischen Reihenfolge, indem Sie bei 10 starten.

10   16   13   17   12   14   15

20. Sie erwarten Gäste zum Abendessen und müssen einkaufen gehen. Prägen Sie sich die Einkaufsliste aufmerksam ein.

▶ Memo-
Tipp
3A + 3E

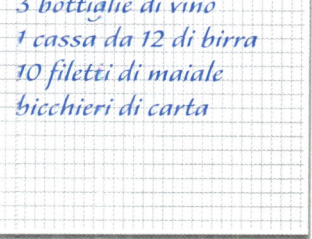

20 panini
4 bottiglie di acqua
   minerale
2 polli
10 bistecche di vitello
tovaglioli di carta

3 bottiglie di vino
1 cassa da 12 di birra
10 filetti di maiale
bicchieri di carta

19. Schreiben Sie die Wörter, die sich reimen, jeweils nebeneinander.

_____   _____

_____   _____

_____   _____

_____   _____

_____   _____

_____   _____

_____   _____

20. Beantworten Sie die folgenden Fragen.

1. Che bevande ci sono nella lista?

   _____

2. Che tipi di carne deve comprare?

   _____

3. E quante bottiglie?

   _____

4. Quali vocaboli non hanno un numero davanti?

   _____

21. **Lesen Sie mehrere Male so schnell wie möglich das italienische Alphabet von *a* bis *zeta* nur mit den Augen. Dann lesen Sie es langsamer und laut auf Italienisch.**

▶ Memo-Tipp 8

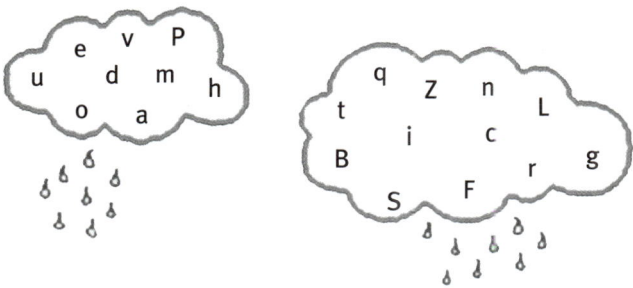

22. **Prägen Sie sich die folgenden Sätze in der vorgegebenen Reihenfolge ein.**

▶ Memo-Tipp 3D

1. Faccio tre passi a destra.

2. Faccio tre passi a sinistra.

3. Faccio quattro passi in avanti.

4. Faccio quattro passi indietro.

5. Salgo su una sedia.

6. Vado vicino alla finestra.

7. Vado accanto al tavolo.

8. Vado sotto il tavolo.

9. Vado tra il divano e la tv.

21. Schreiben Sie das italienische Alphabet. Welche der Buchstaben wurden auf der vorangegangenen Seite groß geschrieben und welche klein?

_____

_____

_____

> **Verschnaufpause: Sehen Sie sich aufmerksam die folgenden Buchstaben an. Sie folgen nach einem logischen (aber nicht mathematischen) Kriterium aufeinander. Welcher Buchstabe muss an zehnter Stelle stehen? Wenn Sie nach ein paar Minuten nicht auf die Lösung kommen, sehen Sie sich nach und nach die Tipps an.**
>
> D – N – O – S – S – C – Q – T – D – ?
>
> Tipp 1: Die Buchstaben stellen Initialen italienischer Wörter dar. Sie kommen immer noch nicht weiter? Dann lesen Sie den nächsten Tipp.
>
> Tipp 2: Denken Sie an Zahlen.

22. Stehen Sie nun auf und folgen Sie aktiv den Anweisungen. Wiederholen Sie dabei laut die Sätze. Sie kommen sich dabei etwas dumm vor? Dann liegt Ihnen der Memo-Tipp 3D vielleicht nicht. Probieren Sie es trotzdem aus.

23. Prägen Sie sich die folgenden Zahlen-Bilder bzw. Formen-Kombinationen ein. Versuchen Sie dann, sich die angegebenen Telefonnummern zu merken, indem Sie sich anstatt der Zahlen die entsprechenden Bilder einprägen. Wenn sie möchten, können Sie auch kurze Geschichten erfinden, die sich um die den Zahlen zugeordneten Bilder drehen.

▶ Memo-Tipp 3F

0 =	⚽	5 =	✋
1 =	✏️	6 =	🐌
2 =	🦢	7 =	🚩
3 =	▽	8 =	🥨
4 =	🪑	9 =	🎵

Linda: 47 85 96 73   Valerio: 74 65 24 13

Cinzia: 85 14 62 45   Mirco: 83 54 92 75

24. Ist Ihnen die in Übung 23 angewendete Technik schwergefallen? Dann probieren Sie das folgende System aus: Prägen Sie sich diesen sinnlosen Ausdruck und die zu jedem Buchstaben gehörige Zahl ein.

C	O	M	P	U	T	E	R	?		S	Ì	!
1	2	3	4	5	6	7	8			9	0	

23. Erinnern Sie sich an die Telefonnummern?
Schreiben Sie sie auf.

numero di telefono di Linda: _____

numero di telefono di Mirco: _____

numero di telefono di Valerio: _____

numero di telefono di Cinzia: _____

24. Folgen Sie dem Beispiel und verwandeln Sie die folgenden
PINs im Sinne des auf der vorangegangenen Seite
eingeprägten Systems.

0874: _____   12690: _____

10701: _____   58233: _____

98761: _____   40691: _____

Versuchen Sie, sich wichtige PINs anhand eines ähnlichen
Systems zu merken. Wichtig: Nur Sie dürfen das Wort bzw. den
Ausdruck, der sich dahinter verbirgt, wissen.

25. Merken Sie sich die folgenden Sätze.

▶ Memo-
Tipp 4

1. Arrivo domani.

2. Vado in palestra.

3. Giuseppe dorme.

4. Faccio il medico.

5. Non vengo perché sto male.

> **Verschnaufpause: Bevor Sie die Aufgaben-
> stellung lesen, gehen Sie sicher, dass Sie
> den Ausdruck *quanto fa?* verstehen.**
>
> Se A = 1, B = 2, C = 3 ecc. quanto fa F + N?
>
> F + N = _____

26. Prägen Sie sich die folgenden Ausdrücke ein.

▶ Memo-
Tipp
3E + 4

mangiare il gelato	prendere il sole
indossare il cappotto	raccogliere l'uva
mangiare le castagne	vedere le rondini
sciare	seminare i fiori

25. Vervollständigen Sie die folgenden Fragen, die sich auf die Sätze der vorangegangenen Seite beziehen. Verwenden Sie die Du-Form.

1. Chi _____ ?

2. Dove _____ ?

3. Quando _____ ?

4. Perché _____ ?

5. (Che) cosa _____ ?

26. Fügen Sie die Ausdrücke neben die dazugehörigen Jahreszeiten ein.

1. In primavera si _____

e si _____ .

2. In estate si _____

e si _____ .

3. In autunno si _____

e si _____ .

4. In inverno si _____

e si _____ .

27. Prägen Sie sich die Namen der folgenden italienischen Fußballmannschaften in der angegebenen Reihenfolge und mit den dazugehörigen Artikeln ein.

▶ Memo-Tipp 3A

1. la Roma

2. la Juve(ntus)

3. il Verona

4. il Bari

5. l' nter

6. il Palermo

7. il Bologna

8. il Milan

Verschaufpause: Wie viele Farben bzw. Farbstifte benötigt man, wenn man eine Ampel, die Fahnen Italiens, Österreichs und der Schweiz sowie ein italienisches Autobahnschild zeichnen möchte?

28. Wie aufmerksam können Sie beobachten? Betrachten Sie die folgenden Ausdrücke, vor allem die Adjektive.

▶ Memo-Tipp 4 + 8

una cravatta blu

un pigiama verde bottiglia

una gonna grigio scuro

un cappello viola

una camicetta rosa

un pullover lilla

una maglia verde chiaro

una camicia rosso fuoco

27. Hier sehen Sie nun die Bezeichnungen der Spieler der italienischen Fußballmannschaften. Sie erhalten oft den Namen der Farben des Trikots. Ergänzen Sie mit den Mannschaftsnamen.

1. i giallorossi = i giocatori *della Roma* _____

2. i bianconeri = i giocatori _____

3. i gialloblù = i giocatori _____

4. i biancorossi = i giocatori _____

5. i nerazzurri = i giocatori _____

6. i rosaneri = i giocatori _____

7. i rossoblù = i giocatori _____

8. i rossoneri = i giocatori _____

28. Was haben die Farbadjektive aus grammatikalischer Sicht gemeinsam?

_____

_____

_____

_____

29. Kennen Sie die Melodie von „Mein Onkel hat 'nen Bauernhof ia-ia-o" (auf Italienisch „Nella vecchia fattoria ia-ia-o")? Singen Sie den folgenden Text mit dieser Melodie und prägen Sie ihn sich dabei ein.

▶ Memo-Tipp 3B

Nella mia macelleria, ia, ia, o

viene sempre una mia zia, ia, ia, o.

Compra pollo, pollo, ollo, ollo, ollo,

compra manzo, manzo, anzo, anzo, anzo.

Nella mia macelleria, ia, ia, o

compra spesso anche Maria, ia, ia, o:

vuol vitello, tello, ello, ello, ello,

vuol tacchino, chino, ino, ino, ino.

Nella mia macelleria, ia, ia, o

non entra mai nonno Elia, ia, ia, o.

Non mangia carne, carne, arne, arne, arne,

neanche pesce, pesce, esce, esce, esce,

vegetariano è nonno Elia, ia, ia, o!

30. Prägen Sie sich die folgenden Silben ein.

▶ Memo-Tipp 6

| RIA | MER | FI | TO |

29. Beantworten Sie die Fragen.

1. In che negozio si vende la carne?

   _____

2. Chi sono i clienti citati nella canzone?

   _____

3. Quali tipi di carne comprano?

   _____

4. Chi è una persona che non mangia né carne né pesce?

   _____

5. E qual è il suo nome nel testo? _____

30. In den folgenden Wörtern sind die Silben durcheinander geraten. Außerdem fehlt jedem Wortpaar eine Silbe von der vorigen Seite. Stellen Sie die Wörter wieder her.

CHE – TA – BAC   TO – CAR – LE

CA – MER   TI – LA – RE

PA – NI – CIO   SCON – TRI – NO – SCA – LE

SU – PER – TO – CA   COM – TE – CIAN

31. Prägen Sie sich die folgenden Nummernschilder ein.

▶ Memo-
Tipp 3F

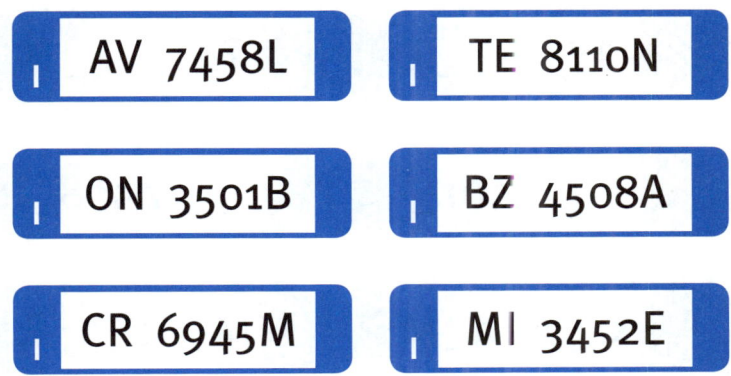

32. Prägen Sie sich die folgende Beschreibung ein.

▶ Memo-
Tipp
3D + 3E

L'ufficio postale è accanto alla banca.

Dietro la banca c'è un bar.

Di fronte al bar c'è un distributore.

Accanto al distributore si trova un parcheggio.

Fra il parcheggio e un supermercato c'è la fermata dell'autobus.

31. Vervollständigen Sie die Nummernschilder.

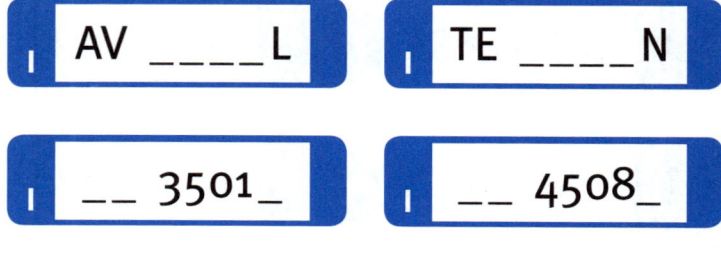

AV _ _ _ _ L

TE _ _ _ _ N

_ _ 3501_

_ _ 4508_

C_ 6_4_M

M_ 3_5_E

32. Zeichnen Sie nun die beschriebenen Gebäude. Halten Sie sich dabei auch an die beschriebene Positionierung der Gebäude.

33. Die folgenden Substantive bzw. Adjektive sind für Personen-
beschreibungen notwendig. Prägen Sie sie sich ein.

▶ Memo-
Tipp
3A + 3E

viso	occhiali	capelli	corporatura
baffi	barba	carnagione	occhi
calvo	alto	basso	grasso

34. Betrachten Sie aufmerksam die Zeichnung. Beschreiben Sie
dann Vater und Sohn laut auf Italienisch.

▶ Memo-
Tipp
3E + 8

33. Unterstreichen Sie die neu hinzugekommenen Wörter.

magro	occhiali	pallido	bocca
capelli	barba	baffi	slanciato
corporatura	carnagione	viso	tarchiato
calvo	alto	basso	occhi
grasso	vecchio		

> **Übrigens: Kennen Sie den Ausdruck „Che barba!"?**

34. Welche Eigenarten haben Vater und Sohn gemeinsam? In was unterscheiden sie sich?

Tutti e due _____

_____ .

Il padre _____

_____ .

Il figlio _____

_____ .

35. Prägen Sie sich die genannten Wörter ein. Lassen Sie aber auch die nicht erwähnten Körperteile nicht außer Acht.

▶ Memo-Tipp 3E + 8

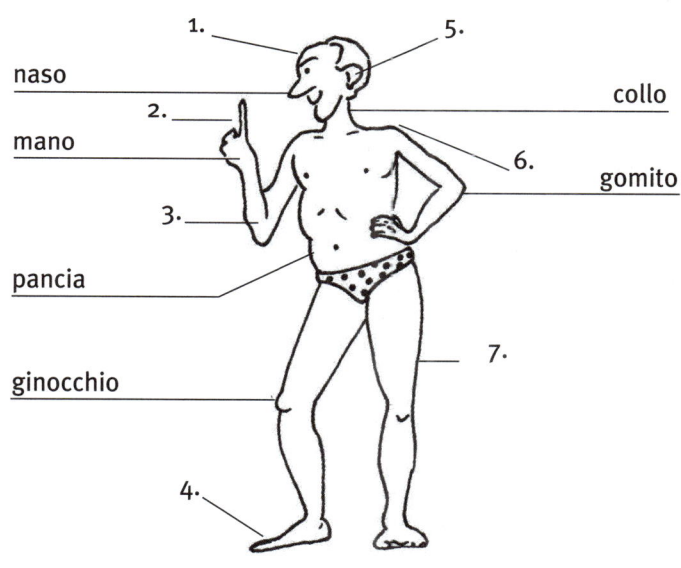

naso

collo

mano

gomito

pancia

ginocchio

36. Die folgenden Adjektive beschreiben Körperteile. Welche?

▶ Memo-Tipp 3A

_____ aquilino, a patata, alla francese

_____ ovale, regolare, paffuto

_____ ricci, folti, brizzolati

_____ snelle, storte, pelose

_____ grandi, verdi, blu

_____ sottili, carnose, grosse

35. **Welchen Zahlen an der Zeichnung entsprechen die folgenden Wörter?**

spalla: Nr. _____   piede: Nr. _____

braccio: Nr. _____   orecchio: Nr. _____

dito: Nr. _____   testa: Nr. _____

gamba: Nr. _____

Tragen Sie die fehlenden Wörter in die Zeichnung auf der vorangegangenen Seite ein.

36. **Welche Adjektive sind verschwunden?**

occhi   verdi, grandi, _____

gambe   storte, pelose, _____

viso   regolare, paffuto, _____

labbra   sottili, grosse, _____

capelli   folti, ricci, _____

naso   a patata, alla francese, _____

37. Im Folgenden lernen Sie einige italienische Redensarten kennen. Ersetzen Sie die Lücken jeweils mit der Bezeichnung eines Körperteils. Prägen Sie sich die Sätze dann ein.

▶ Memo-Tipp 4

1. Costa un _____ della testa.

2. Paolo ha le _____ bucate.

3. Quei due si prendono sempre per i _____ .

4. È davvero in _____ .

5. Linda ha il _____ in mano.

38. Prägen Sie sich die folgenden Kombinationen aus Zahlen und Ereignissen bzw. Berühmtheiten ein.

▶ Memo-Tipp 3E + 3F

007	James Bond	25	Natale
1	Capodanno	17	ora del tè
7	i re di Roma	15	Ferragosto
10	Maradona	46	Valentino Rossi
12	le fatiche di Ercole	40	i ladroni di Alì Babà

37. Schreiben Sie die Redensarten unter die entsprechenden Erläuterungen.

1. Litigano sempre. _____

2. Spende tantissimo. _____

3. È una persona intelligente e intraprendente.

   _____

4. È molto generosa. _____

5. È molto caro. _____

38. Wem bzw. was entsprechen die folgenden „Daten"?

1046 = _____ 462515 = _____

_____ _____

2517 = _____ 40007 = _____

_____ _____

1007 = _____ 12117 = _____

_____ _____

15746 = _____ 14010 = _____

_____ _____

39. **Prägen Sie sich die folgenden Verben ein.**   ▶ Memo-
Tipp 7

   1. tirare   2. fare   3. mangiare   4. leggere

   5. lavorare   6. telefonare   7. stare   8. variare

   9. dare   10. mettere   11. dire   12. costare

40. **Hier nun die Beschreibung eines Tagesablaufs. Lesen Sie
die Sätze und prägen Sie sich die Handlungen (ohne Details)
und deren Reihenfolge ein. Passen Sie die Formen (männlich /
weiblich) entsprechend Ihres Geschlechtes an.**   ▶ Memo-
Tipp 4

Mi sono alzato.

Ho preso un caffè.

Ho fatto la doccia.

Ho fatto colazione.

Ho studiato un po' d'italiano.

Sono uscito.

Sono tornato a casa verso le quattro.

Ho cenato.

Sono andato a letto.

39. Ohne zunächst weiterzulesen, versuchen Sie, die Verben mündlich zu wiederholen. Wie viele konnten Sie sich merken?

Versuchen Sie nun, die Verben mit Hilfe der folgenden Eselsbrücke zu wiederholen. Die Anfangssilben der Verben bilden den folgenden Satz.

TI   FA   MALE   LA   TESTA?   VA'   DAL   MEDICO.

_____

_____

_____

40. Rekonstruieren Sie die Handlungen des Tagesablaufs, allerdings in umgekehrter Reihenfolge. Folgen Sie dabei dem Beispiel.

Sono andato/-a a letto. _____

_____

_____

_____

_____

_____

41. Prägen Sie sich die folgenden Sätze mit der entsprechenden Nummerierung ein.

▶ Memo-Tipp 4

1. Maria e Carla sono partite.

2. Ci siamo svegliati presto.

3. Lucia ha studiato l'italiano.

4. Mi è dispiaciuto molto.

5. Hai finito il lavoro?

6. Luca è andato via.

7. Ieri è piovuto.

Verschnaufpause: Bevor Sie die Aufgaben lösen, gehen Sie sicher, dass Sie alle Ausdrücke verstehen.

Quest'anno ho vinto al lotto tre volte e tutte le volte nei mesi con 8 lettere. È possibile?

42. Prägen Sie sich die folgenden Wörter ein. Beachten Sie besonders deren Silben; vielleicht entdecken Sie dabei einen Trick, mit dem Sie sich die Wörter leichter merken können.

▶ Memo-Tipp 7

rosa – vestito – rospo – cognome – nave – sposo – nemico – sogliola – lana – toro – salone

41. Ergänzen Sie nun mit Hilfe der Beispielsätze der vorangegangenen Seite die Regeln zum *passato prossimo*. Schreiben
Sie neben jede Regel die Zahl des entsprechenden Beispiel-
satzes. Vervollständigen Sie außerdem mit *essere* und *avere*.

Il passato prossimo si forma con il presente di _____ /

_____ + participio passato del verbo.

Formano il passato prossimo con _____ i verbi transitivi

(frasi ____ + ____), con _____ i verbi riflessivi (frase ___),

impersonali (frasi ___ + ___) e quelli di movimento (frasi ___ +

___). Il participio passato dei verbi con _____ si

comporta come un aggettivo (frasi ___ + ___); quello dei

verbi con _____ finisce sempre in -*o*.

42. Haben Sie den Domino-Trick entdeckt? Die letzte Silbe
eines Wortes ist mit der ersten Silbe eines anderen Wortes
identisch. Wiederholen Sie die Wörter auf diese Weise,
indem Sie mit „rospo" beginnen.

_____

_____

_____

43. Prägen Sie sich die folgenden Zahlen ein.

▶ Memo-Tipp 3F

2212	3009	2410	1208
1411	2807	2001	2102

> **Verschnaufpause: Welches ist die größte vierstellige Zahl, die aus jeweils verschiedenen Ziffern gebildet werden kann?**
>
> _____

44. Prägen Sie sich die folgenden Verben ein, blättern Sie dann auf die nächste Seite.

▶ Memo-Tipp 3G

osservare	annusare	sfiorare	accarezzare
sentire	guardare	ascoltare	vedere
	toccare	assaggiare	

Prägen Sie sich auch die folgenden Adjektive ein und blättern Sie dann noch einmal um.

▶ Memo-Tipp 3G

assordante	amaro	ruvido	trasparente
caldo	morbido	liscio	luminoso
dolce	verde	insapore	puzzolente

43. **Die Zahlen der vorangegangenen Seite stellen Geburtstage dar. Ergänzen Sie den folgenden Text mit diesen Geburtstagen (Tag und Monat) in chronologischer Reihenfolge.**

Davide compie gli anni il _____ , Giovanna

_____ , Linda _____ ,

Paolo _____ , Clara _____ ,

Luciana _____ , Serena _____ ,

Edoardo _____ .

44. **Ordnen Sie die Verben den fünf Sinnen zu. Blättern Sie dann für Teil 2 der Übung noch einmal zurück.**

vista: _____

udito: _____

gusto: _____

tatto: _____

olfatto: _____

Welches Verb kommt mehrmals vor? _____

Ergänzen Sie die Auflistung mit den Adjektiven.

45. Konzentrieren Sie sich auf jede einzelne Zeile, prägen Sie sich die Wörter bzw. Zeichnungen ein, indem Sie sie laut wiederholen. Blättern Sie dann um und lesen Sie die weiteren Anweisungen für jede der Zeilen.

▶ Memo-Tipp 3E

1.

2. ghiaccio – cappello – cintura – stivali – cappotto

3.

4. maglione – salotto – camicia – balcone – terrazzo

5. sole – accappatoio – bikini – calzini – impermeabile

46. Prägen Sie sich folgende Verben in Dreiergruppen mitsamt der Nummerierung ein.

▶ Memo-Tipp 3A + 4

1. sbattere, aprire, socchiudere

2. lavare, asciugare, scheggiare

3. tappare, stappare, sgocciolare

4. riempire, aprire, svuotare

5. sfogliare, leggere, sciupare

45. Lesen Sie nun Frage für Frage und decken Sie die noch nicht bearbeiten Fragen ab. Die Nummerierung der Fragen entspricht den Zeilen der Vorgängerseite.

1. Quanti sono i capi di abbigliamento? _____

2. Quale parola è al centro? _____

3. Quale immagine è scomparsa? _____

4. Quali vocaboli sono stati invertiti tra loro?

   terrazzo – salotto – camicia – balcone – maglione

5. Questa successione è esatta?

   sole – accappatoio – bikini – calzini – impermeabile

46. Welcher Begriff passt zu welcher Gruppe von Verben? Ergänzen Sie mit der entsprechenden Nummer.

bottiglia _____   cassetto _____   bicchiere _____

porta _____   libro _____

47. Betrachten Sie aufmerksam die folgende Zeichnung.

▶ Memo-
Tipp
3E + 8

48. Konzentrieren Sie sich auf die folgenden Wörter und deren
Position.

▶ Memo-
Tipp
3A + 8

47. Antworten Sie mit „vero" oder „falso".

♂ Lui …   vero   falso

1. … ha i pantaloni a righe orizzontali.   ☐   ☐
2. … ha una cravatta a pois.   ☐   ☐
3. … indossa un maglione.   ☐   ☐
4. … porta una giacca.   ☐   ☐

♀ Lei …

5. … porta gli stivali.   ☐   ☐
6. … indossa un vestito aderente.   ☐   ☐
7. … ha una collana.   ☐   ☐
8. … ha una borsetta.   ☐   ☐

48. Welche Wörter wurden verschoben oder gelöscht?

zoccoli

reggiseno

mutande

pigiama

vestaglia

canottiera

tuta

CIABATTE

grembiule

pantofole

Wo trägt man die meisten dieser Kleidungsstücke?

_____

49. Lesen Sie die folgenden Sätze und konzentrieren Sie sich vor allem auf die Namen und die dazugehörigen Gegenstände.

▶ Memo-Tipp 3E + 4

Nel bagaglio ...

... Gigi mette le scarpe da tennis, i bastoncini da nordic walking e la tuta da ginnastica;

... Silvio gli scarponi, gli sci e la slitta;

... Adriano le bombole, la muta, la maschera e le pinne;

... Maria l'accappatoio, il bikini e la crema solare.

... Gino gli occhiali da vista, gli occhiali da lettura, l'apparecchio acustico e la dentiera.

50. Lesen Sie die folgende Buchstabenreihe laut vor. Darin finden sich einige „richtige" Wörter, aber auch ein paar Buchstaben, die dort nichts zu suchen haben. Prägen Sie sich die „richtigen" Wörter ein.

▶ Memo-Tipp 3A + 6

d o c c i a r e b a g n o s t u d i o s w a t e r f i n e s t r a z z m a t e

r a s s o b i a s c i u g a m a n o g l u p o r t a s b a l c o n e i s o g

g i o r n o t u p i a n o g i o f a c c i a t a n p a v i m e n t o r e b i d è

49. Erinnern Sie sich an die Namen?

Come si chiama ...

1. ... l'amante degli sport invernali? _____

2. ... l'amante del mare? _____

3. ... lo sportivo? _____

4. ... il sub? _____

5. ... il pensionato? _____

> **Verschnaufpause: Versuchen Sie den folgenden italie-
> nischen Zungenbrecher laut und ohne zu „stolpern" zu
> lesen.**
>> Sopra la panca la capra campa,
>> sotto la panca la capra crepa.

**50. An welche Wörter erinnern Sie sich? Und unter welchem
Oberbegriff lassen sich diese einordnen?**

_____

_____

_____

_____

51. Prägen Sie sich die folgenden Wörter in der angegebenen Reihenfolge ein.

▶ Memo-Tipp 3A + 3E

1. grattacielo → 2. scale → 3. studio →

4. portineria → 5. cantina → 6. parete →

7. solaio → 8. salotto → 9. muro →

10. ascensore → 11. portone

Verschnaufpause: Lösen Sie die folgende „Gleichung" nach X auf.

forno : cucinare = materasso : X → X = _____

---

52. Es folgt die Beschreibung einer Wohnung. Bilden Sie die Wohnung mental ab.

▶ Memo-Tipp 3A + 3E

camera da letto: letto a due piazze, 2 piumini, armadio

cucina: frigorifero, forno, 2 finestre, lavastoviglie

soggiorno: televisore, tavolo, 4 sedie, lampada, divano

bagno: lavandino, vasca, lavatrice, carta igienica

ingresso: armadio

sgabuzzino: aspirapolvere, scopa

51. **Versuchen Sie nun, die Reihenfolge der Wörter in dem folgenden Schema nachzuverfolgen. Beginnen Sie oben links und enden Sie unten rechts. Schreiben Sie hinter jedes Wort die entsprechende Nummer. Das jeweils folgende Wort kann im Umkreis aller benachbarten Felder stehen. Aber Vorsicht: Jedes Kästchen kann nur einmal verwendet werden.**

grattacielo	scale	portineria	salotto	muro	portone
scale	solaio	studio	solaio	solaio	muro
studio	cantina	portineria	salotto	parete	salotto
parete	salotto	solaio	cantina	ascensore	muro
cantina	scale	parete	parete	ascensore	salotto
portone	studio	portone	muro	cantina	portone

52. **Beantworten Sie die folgenden Fragen.**

1. Quanti armadi ci sono nell'appartamento? _____

2. Quanti elettrodomestici? _____

3. In bagno c'è la vasca o la doccia? _____

4. Nell'appartamento c'è un ingresso? _____

5. In cucina ci sono tre finestre? _____

53. Die folgende Aufgabe testet Ihre Beobachtungsgabe. Lesen Sie aufmerksam die Sätze und versuchen Sie, die Verbindung zwischen den Personen und den jeweiligen Verkehrsmitteln zu verstehen.

▶ Memo-Tipp 8

Mario usa solo la moto o la macchina.

Aldo va sempre in autostop o in autobus.

Sandro gira solo con lo skateboard.

Bianca preferisce la bicicletta.

Paolo va solo in pullman o a piedi.

> **Verschnaufpause: Versuchen Sie die folgende Frage innerhalb von 20 Sekunden zu lösen.**
>
> Quante ruote puoi contare se vedi dieci biciclette, cinque sidecar e tre automobili?
>
> _____

54. Merken Sie sich die Sätze. Vielleicht hilft es Ihnen die typischen Bewegungen nachzumachen.

▶ Memo-Tipp 3D

Che fame!	Che sete!	Che sonno!	Che freddo!
Che caldo!	Che barba!	Che vento!	Che tardi!
Che pioggia!	Che schifo!		

53. Haben Sie die Verbindung entdeckt? Dann geben Sie an, welche Verkehrsmittel die folgenden Personen nutzen könnten.

Anna   _____

Carla   _____

Benedetto   _____

Erfinden Sie noch weitere Kombinationen aus Vornamen und Verkehrsmittel.

_____

_____

54. Schreiben Sie die Sätze neben den jeweils passenden Gegenstand.

termosifone → _____   ombrello   → _____

materasso   → _____   sbadiglio → _____

bicchiere   → _____   orologio   → _____

sole   → _____   sciarpa   → _____

panino   capello
imbottito   → _____   nella minestra → _____

55. Prägen Sie sich die folgenden Adjektive und ganz besonders auch deren Position ein.

▶ Memo-Tipp 3A + 8

alto	magro	debole
gentile	aggressivo	vicino
stretto	distratto	brutto
corto	imbecille	piccolo

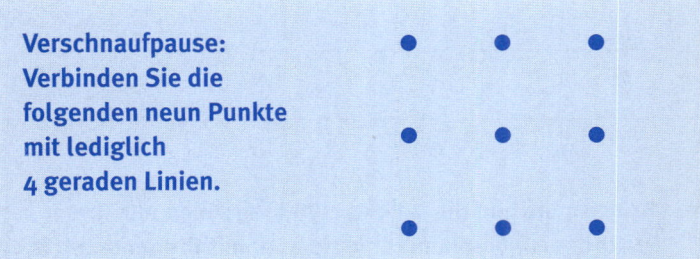

**Verschnaufpause:
Verbinden Sie die
folgenden neun Punkte
mit lediglich
4 geraden Linien.**

56. Merken Sie sich die folgenden Adjektive, die für Charakter-beschreibungen von Personen nützlich sind. Um sich die Adjektive besser einzuprägen, können Sie bei jedem Wort an Personen aus Ihrem Freundes- und Bekanntenkreis denken.

▶ Memo-Tipp 3A + 3E

affettuoso	chiacchierone	esigente	estroverso
geloso	generoso	impulsivo	intraprendente
vanitoso	passionale	socievole	testardo

55. Fügen Sie die folgenden Gegenteile entsprechend der Positionen auf der vorangegangenen Seite ein.

attento	basso	bello	largo
forte	lontano	grande	grasso
intelligente	lungo	pacifico	scortese

_____   _____   _____

_____   _____   _____

_____   _____   _____

_____   _____   _____

56. Bringen Sie nun die Adjektive mit Personen aus Ihrem Freundes- und Bekanntenkreis oder mit Prominenten in Verbindung. Versuchen Sie, sowohl männliche, als auch weibliche Namen sowie Pluralformen zu verwenden.

Stefi è estroversa. Hans è _____ .

Linda e Willi sono _____

_____

_____

_____

57. Prägen Sie sich die folgenden Adjektive ein.

▶ Memo-
Tipp
3A + 4

capace – incapace   paziente – impaziente   logico – illogico

regolare – irregolare   contento – scontento   legale – illegale

morale – immorale   ordinato – disordinato

**58. Das „gioco delle rime" hat der Schriftsteller Gianni Rodari
in seinem Buch „Esercizi di fantasia" (1981) erfunden. Es
besteht darin, sich unter Verwendung von Ortsnamen Reime
auszudenken. Jede Strophe beginnt dabei mit „Ho conosciuto
un tale". Orientieren Sie sich am angegebenen Beispiel und
erfinden Sie neue Reime. Die Reime müssen keinen Sinn
ergeben, lassen Sie Ihrer Fantasie freien Lauf!**

▶ Memo-
Tipp
3C + 6

Ho conosciuto un tale, un tale di Berlino,
che non beveva birra, ma solamente vino.

Ho conosciuto un tale, un tale di Milano,

che _____ .

Ho conosciuto un tale, un tale di Palermo,

che _____ .

Ho conosciuto un tale, un tale di Barletta

che _____ .

57. Ergänzen Sie mit der passenden negativen Vorsilbe.

morale _____   contento _____

capace _____   regolare _____

legale _____   paziente _____

logico _____   ordinato _____

> **Verschnaufpause: Welches ist die kleinste vierstellige Zahl, die man von links nach rechts und von rechts nach links lesen kann?**
>
> _____

58. Mit welchen italienischen Ortsnamen könnten sich die folgenden Wörter reimen?

vento / _____   zucca / _____

grana / _____   secco / _____

fari / _____   calzino / _____

uomo / _____   coperta / _____

penna / _____   mattone / _____

59. Prägen Sie sich die folgenden Buchstaben ein.

▶ Memo-Tipp 7

TO – LLO – RO – BIS – D – CU – CE – PRO – G_I

Verschnaufpause: Vervollständigen Sie mit der fehlenden Zahl.

2	→	2
8	→	16
100	→	300
20	→	80
300	→	?

? = _____

60. Finden Sie den Begriff, der sinngemäß nicht in die jeweilige Wortreihe passt und prägen Sie sich ihn ein.

▶ Memo-Tipp 3A

1. padre – genitori – madre – padrino

2. nonno – renna – nipote – nonna

3. testa – moglie – sposo – marito

4. nuora – genero – ladro – suocero

59. Wenn Sie bei den folgenden Wörtern die richtigen der eingeprägten Buchstaben ein- bzw. hinzufügen, erhalten Sie neue Wörter mit einer anderen Bedeutung. Thema der neuen Wörter ist „Familie".

suora → _____   filo → _____

frate → _____   nonno → _____

pare → _____   gene → _____

nonna → _____   mari → _____

Gino → _____   nipote → _____

60. Schreiben Sie die Wörter, die nicht in die jeweilige Reihe gepasst haben, nacheinander auf. Schreiben Sie dann die Buchstaben der Anfangssilben in die Kästchen daneben. Nacheinander gelesen ergeben die Silben den Oberbegriff für die restlichen Wörter der vorangegangenen Seite.

1. _____ → ☐ ☐

2. _____ → ☐ ☐ ☐

3. _____ → ☐ ☐

4. _____ → ☐ ☐

Lösung: ☐ ☐ ☐ ☐ ☐ ☐ ☐ ☐

61. Prägen Sie sich die folgenden Wörter ein und achten Sie dabei besonders auf deren Genus (maskulin oder feminin). ▶ Memo-Tipp 3A

vedovo	scapolo	sposato	nubile
coniugata	single	divorziato	celibe
separata	convivente		

Verschnaufpause: Wie viele geometrische Figuren sind in der folgenden Zeichnung versteckt?

62. Prägen Sie sich die folgenden Wörter ein. Sie mögen auf den ersten Blick ungewöhnlich sein, sind aber bei Reisen nach Italien sehr nützlich. ▶ Memo-Tipp 3A + 3E

accettazione – atterraggio – binario – capostazione – cric – faro

carta d'imbarco – controllo bagagli – cuccetta – decollo – freno

frizione – tergicristallo

61. Welche Wörter können sich nur auf einen Mann (♂) beziehen? Welche nur auf eine Frau (♀)? Und welche – evtl. mit Anpassungen – auf Mann und Frau (♂ + ♀)?

♂ _____

♀ _____

♂ + ♀ _____

_____

_____

62. Welche Wörter könnte man verwendet haben, wenn man mit den folgenden Transportmitteln nach Italien gereist ist?

aereo: _____

_____

treno: _____

_____

macchina: _____

_____

63. Prägen Sie sich die folgenden Wörter ein.

▶ Memo-
Tipp
3A + 3E

grandine   neve   pioggia   tuono   vento

nuvola   sole   nebbia   caldo   freddo

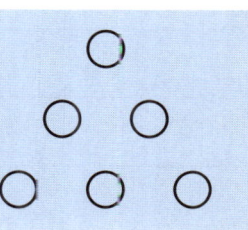

Verschnaufpause:
Fügen Sie die Zahlen
1 bis 6 so in das Dreieck
ein, dass sich auf jeder
der drei Seiten die
gleiche Summe ergibt.

64. Prägen Sie sich die Ausdrücke des folgenden Wetterberichts
ein. Die Reihenfolge ist wichtig.

▶ Memo-
Tipp
3E + 4

Previsioni del tempo

Oggi: Foschia in mattinata.

Domani: Annuvolamento nel corso della giornata.

Martedì: Poco nuvoloso.

Mercoledì: Precipitazioni o temporali.

Giovedì: Temperature in rialzo.

Venerdì: Cielo sereno o poco nuvoloso.

Sabato: Possibilità di rovesci.

63. Verwandeln Sie mit Hilfe der unten stehenden Angaben die Wörter der vorangegangenen Seite in einen Satz.

Tira _____*vento*_____ .

Fa _____ .

C'è la _____ .

C'è il _____ .

È _____ .

_*Tuona*_____ .

_____ .

_____ .

_____ .

64. An welchen Tagen wird das Wetter schön sein und an welchen nicht? Vervollständigen Sie die ersten beiden Zeilen und beantworten Sie dann die Frage nach dem Wochentag.

Bel tempo: _____

Brutto tempo: _____

Che giorno è oggi? _____

65. Prägen Sie sich Bild, Schriftzug und Nummerierung ein. ▶ Memo-
Tipp 3E

1. sosta vietata   2. divieto d'accesso   3. vietato il
                                               passaggio

4. vietato fumare   5. uscita vietata

**66. Prägen Sie sich die folgenden Sätze ein. Vielleicht hilft es
Ihnen, sich die möglichen Situationen oder Verbotsschilder
vorzustellen.** ▶ Memo-
Tipp
3E + 4

1. È vietato parcheggiare davanti al cancello.

2. È vietato attraversare i binari.

3. È vietato appoggiarsi al finestrino.

4. È vietato giocare a pallone.

5. È vietato introdurre cani.

6. È vietato fumare.

65. Was ist verboten? Versehen Sie die folgenden Sätze mit den Bildnummern.

Non uscire!   → Nr. _____   Non fumare! → Nr. _____

Non entrare! → Nr. _____   Non passare! → Nr. _____

Non sostare! → Nr. _____

Wie bildet man im Italienischen den verneinten Imperativ in der Du-Form?

_____

_____

66. Schreiben Sie die Verbote mit dem Imperativ. Folgen Sie dem angegebenen Beispiel und verwenden Sie die Formen für _Lei_ und _voi_.

1. _Non parcheggi / non parcheggiate._ _____

2. _____

3. _____

4. _____

5. _____

6. _____

67. Lesen Sie die folgenden Ausdrücke und achten Sie dabei besonders auf die „Unbekannten" A, B, X, Y und Z.

▶ Memo-Tipp 4

X nero – mercato del **X** – giorno di **X** – gruppo di **X**

Y netto – accumulare un **Y** – **Y** fisso – **Y** circolante

libera **Z** – esercitare una **Z** – fare qualcosa di **Z**

A vendite – **A** personale – **A** stampa – **A** reclami

B familiare – **B** autonoma – **B** sanitaria locale – lavorare in un'**B**

68. Suchen Sie im Buchstabengitter 13 Wörter (Substantive und Verben), die dem Bereich „Arbeit" entstammen. Die Wörter sind waagrecht (von rechts oder von links), senkrecht (von oben oder von unten) und diagonal versteckt. Prägen Sie sich die gefundenen Wörter ein.

▶ Memo-Tipp 3A + 6

A	P	P	R	E	C	A	R	I	A	T	O	E	C
U	S	O	E	N	O	I	S	S	E	F	O	R	P
D	I	S	O	C	C	U	P	A	T	O	N	I	A
N	M	T	U	L	A	V	O	R	O	N	E	R	O
O	P	O	N	M	O	L	E	T	O	I	C	O	S
	I	F			E	R	A	R	O	V	A	L	I
L	E	I	D	E	E	R	A	F	F	A	N	A	R
O	G	S	N	L	I	C	E	N	Z	I	A	R	E
O	O	S	V	O	L	G	E	R	E	N	P	U	Z
Z	A	O	A	T	S	I	D	N	E	R	P	P	A

67. **Ersetzen Sie die „Unbekannten" X, Y, Z, A und B jeweils mit dem passenden Wort.**

X = _____   Y = _____

Z = _____   A = _____

B = _____

Verschnaufpause: Schreiben Sie sechs Mal die Ziffer 1 und fügen Sie ein Rechenzeichen dazwischen (immer dasselbe). Das Endergebnis muss 15 lauten.

_____ = 15

---

68. **Welche Wörter haben Sie gefunden?**

_____

_____

_____

_____

Überprüfen Sie Ihre Angaben mit der Lösung und kehren Sie dann wieder zu dem Buchstabengitter auf der vorangegangenen Seite zurück. Die nicht verwendeten Buchstaben bilden einen lateinischen Spruch, der auch bei uns oft verwendet wird, und dessen italienische Entsprechung.

_____

69. Prägen Sie sich die Namen der Präsidenten der Italienischen Republik in der angegebenen chronologischen Reihenfolge ein.

▶ Memo-Tipp 3A

Einaudi	Gronchi	Segni	Saragat	Leone

Pertini	Cossiga	Scalfaro	Ciampi	Napolitano

70. Prägen Sie sich die Schriftzüge ein.

▶ Memo-Tipp 3E + 4

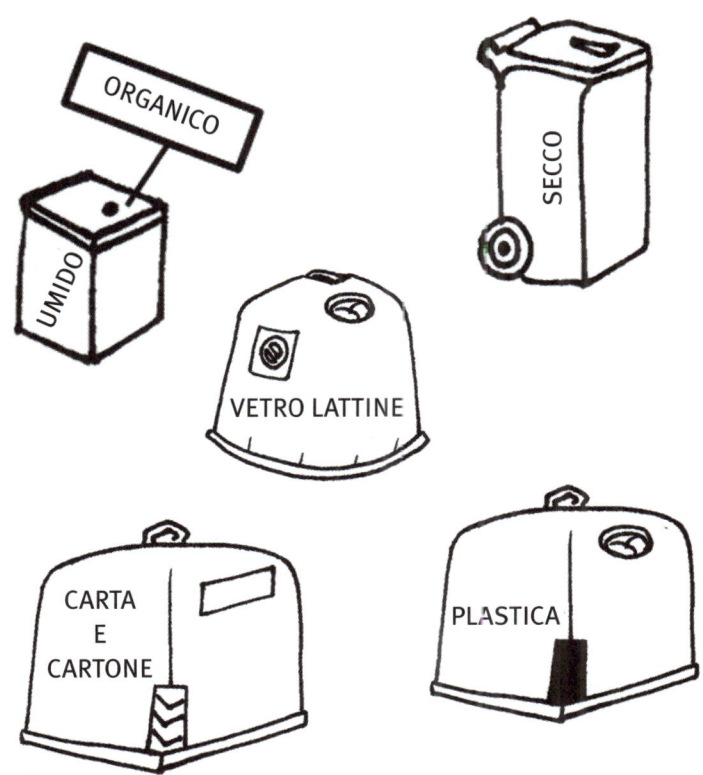

69. Aus Versehen haben wir den Namen des ersten Präsidenten vergessen. Wenn Sie die Ihnen bekannten Namen hier unten aufschreiben, erhalten Sie – nacheinander gelesen – seinen Vor- (grau hinterlegte Felder) und Nachnamen (blau hinterlegte Felder).

```
▢ ☐ ▢ ☐ U ☐ I   G ▢ ☐ ☐ ☐ H I   ☐ ☐ ☐ ☐ I

☐ ☐ ☐ ☐ G A T   ☐ ☐ ☐ ☐ ☐   P ☐ ☐ ☐ ▢ ☐ ☐

▢ ☐ S S ☐ ☐ ☐   S ☐ ☐ ☐ ☐ ☐ ☐ ☐

☐ ☐ ☐ ☐ ☐ ☐   ☐ ☐ ☐ ☐ ☐ ☐ ☐ ☐ ☐
```

70. „Werfen" Sie die folgenden Gegenstände in den jeweils passenden Müllcontainer.

quotidiano – flacone di detergente – tovagliolo di carta usato –

libro – bottiglia – resti di frutta – quaderno – bicchiere –

guscio d'uovo – fondi di caffè – tè in bustina –

posate di plastica sporche

umido organico _____   _____

_____   _____

_____   _____

_____   _____

_____   _____

71. Prägen Sie sich den Sinn der folgenden Sätze und deren Nummerierung ein.

▶ Memo-Tipp 4

Da giovane ...
1. non mi piaceva leggere.

2. dormivo moltissimo.

3. partecipavo a molte feste.

4. mi piacevano i bambini.

5. ci sentivo benissimo.

6. ero fondamentalmente insoddisfatto.

7. andavo sempre al mare.

8. avevo tanti sogni.

9. odiavo la scuola.

72. Konzentrieren Sie sich auf die Verben in den Vergangenheitszeiten.

▶ Memo-Tipp 4

Ieri, mentre andavo al centro, ho incontrato al parco la mia nipotina con la mamma. Era sul passeggino, in mano teneva un gelato e rideva tutta contenta. All'improvviso è passato un cane che, senza tanti complimenti, le ha rubato la pallina di gelato. Alice, rimasta solo con il cono tra le dita, ha cominciato a urlare, mentre il cane – poco distante – mangiava tranquillamente il suo gelato.

71. Nun ist alles anders. Schreiben Sie die den vorangegangenen Aussagen sinngemäß jeweils entsprechende Nummerierung neben die Sätze.

Oggi invece ... soffro d'insonnia. _____

sono un po' sordo. _____

non li sopporto più. _____

odio i rumori e il caos. _____

mi piace solo la montagna. _____

la ricordo con nostalgia. _____

passo la vita tra giornali, romanzi e poesia. _____

Brutto invecchiare? Ma no! Oggi

li ho realizzati tutti. _____

vivo proprio bene. _____

72. Tragen Sie die Verben der Erzählung ein.

imperfetto:

_____

passato prossimo:

_____

73. Betrachten Sie aufmerksam die Zeichnungen und die dazugehörigen Namen.

▶ Memo-Tipp 3E

Paola　　Mario　　Clara　　Luca

Lucia　　Flavia　　Dante　　Eva

74. Prägen Sie sich den folgenden Satz ein.

▶ Memo-Tipp 3D

Sto facendo una pausa: sto camminando, sto cantando,

sto telefonando, sto fischiando, mi sto stiracchiando,

sto sbadigliando, sto succhiando una caramella,

sto facendo delle flessioni, mi sto rilassando.

73. Beantworten Sie die Fragen.

1. Chi sta dormendo? _____

2. Chi sta facendo una passeggiata? _____

3. Chi sta leggendo? _____

4. Chi sta fumando? _____

5. Chi sta mangiando? _____

6. Chi sta dipingendo? _____

7. Chi sta bevendo? _____

8. Chi sta guardando la tv? _____

Verschnaufpause: Zeichnen Sie eine Blume, die zur logischen Reihenfolge der anderen Blumen passt.

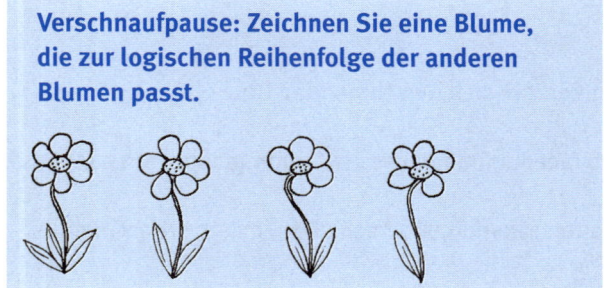

74. Stehen Sie nun auf und machen Sie wirklich eine Pause. Wiederholen Sie laut den Satz und machen Sie die Tätigkeiten nach. Und wenn Ihnen der Sinn noch nach anderen Pausenaktivitäten steht, machen Sie natürlich auch diese.

75. Merken Sie sich die folgenden Buchstaben. Helfen Sie sich dabei mit einer Eselsbrücke.

▶ Memo-Tipp 6 + 7

| ON | CA | LL | CO | Z | TT | OR | RE |

Verschnaufpause: Versuchen Sie den folgenden italienischen Zungenbrecher laut und ohne zu „stolpern" zu lesen.

Apelle, figlio di Apollo,
fece una palla di pelle di pollo.
Tutti i pesci vennero a galla
per vedere la bella palla di pelle di pollo,
fatta da Apelle, figlio di Apollo.

76. Lesen Sie aufmerksam und prägen Sie sich die Details ein.

▶ Memo-Tipp 3E + 4

1. Ho sette anni come Clara, la mia padroncina. Mi chiamo Benina e sono tutta bianca. Sono molto affettuosa, faccio molta compagnia a Clara e miagolo quando sono felice. Sto quasi sempre sul divano del soggiorno.

2. Mi chiamo Fido. Sono nero. Ho quattro anni e quattro zampe. Vivo con il mio padrone nella sua casa, che sorveglio attentamente. Di notte, però, dormo all'esterno nella mia cuccia.

3. Sono Carlo, sono tutto rosso, vivo in una vasca piena d'acqua e non parlo mai. In casa tutti mi vogliono bene, ma ho un nemico: Benina.

75. Verwenden Sie die Buchstaben, um die folgenden Tiernamen zu vervollständigen.

⬭ne	⬭ecca	ga⬭o	muc⬭
⬭ebra	t⬭o	ga⬭o	mos⬭
⬭pra	r⬭dine	ga⬭ina	cava⬭o
⬭so	c⬭iglio	pe⬭ra	marmo⬭a
⬭anzara	⬭rvo	lep⬭	luma⬭

76. Beantworten Sie die Fragen.

1. Chi sono gli animali delle "interviste" e come si chiamano?

   _____

2. Dove vivono? _____

3. Di che colore sono? _____

4. Chi è Clara e quanti anni ha?

   _____

5. Due animali vivono nella stessa casa. Chi? _____

   _____

77. Prägen Sie sich die folgenden Wörter ein, die keinen erkenn-
baren Zusammenhang aufweisen. Nutzen Sie dazu Ihre
Fantasie, indem Sie z. B. eine Geschichte ausdenken, die die
Wörter verbindet.

▶ Memo-
Tipp 5

capo	marcia	pesce	terra
porta	cassa	campo	sordo

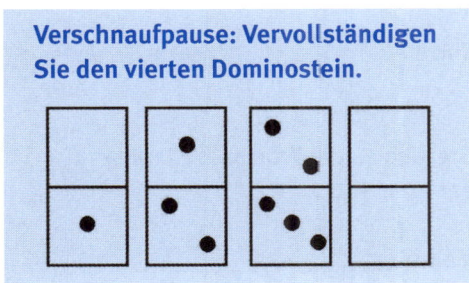

Verschnaufpause: Vervollständigen
Sie den vierten Dominostein.

78. Prägen Sie sich die folgenden Wörter ein. Sie ergeben auch
ohne die Zusätze in Klammern einen Sinn. Die Wörter in den
Klammern erläutern jedoch den Verwendungskontext.

▶ Memo-
Tipp 4

corsia (di emergenza)   incidente (stradale)

vittime (della strada)   tamponamento (a catena)

cintura (di sicurezza)   sorpasso (azzardato)

scontro (frontale)

77. Die Wörter der vorangegangenen Seite sind allesamt die
ersten Teile zusammengesetzter Wörter. Versuchen Sie nun,
die eingeprägten ersten Wortteile mit den unten stehenden
Wörtern zu verbinden (Mehrfachnennungen sind möglich).

_____lavoro   _____ufficio   _____muto

_____piede   _____cane   _____pacchi

_____stazione   _____spada   _____santo

_____forte   _____cotta   _____lettere

78. Erinnern Sie sich an die Wörter in Klammern?
Vervollständigen Sie.

tamponamento _____

vittime   _____

incidente   _____

scontro   _____

cintura   _____

corsia   _____

sorpasso   _____

79. Betrachten Sie die folgenden Gegenstände, sprechen Sie deren Bezeichnungen mehrmals laut und prägen Sie sich die Wörter ein.

▶ Memo-Tipp 3E

| bullone | guanto | schermo | occhiali |

| chiave | filo | pettine | sigaretta |

| lampada | telefono | coperchio |

80. Prägen Sie sich die folgende Liste mit Haushaltsgegen-ständen ein.

▶ Memo-Tipp 3A + 3E

martello	spremiagrumi	paletta
ago	forbici	frigorifero
lettore CD	forno	strofinaccio
	affettatrice	

79. Die Gegenstände auf der vorangegangenen Seite lassen sich nicht ohne die folgenden Dinge verwenden. Finden Sie die entsprechenden Gegenstandspaare mit Hilfe der angegebenen Wörter. Schreiben Sie unter die jeweilige Zeichnung das entsprechende Begriffspaar.

pentola • computer • fiammifero • buco della serratura • vite • lampadina • ago • cornetta • naso • capelli • mano

_____	_____	*bullone*	_____	_____	_____
+	+	+	+	+	+
_____	_____	*vite*	_____	_____	_____

+	+	+	+	+
_____	_____	_____	_____	_____

80. Was ist heute alles zu tun und mit welchen Gegenständen?

1. mangiare dei salumi: _____

2. congelare dei cibi: _____

3. tagliare un panno: _____

4. cucire: _____

5. spolverare: _____

6. bere una limonata: _____

7. piantare un chiodo: _____

8. ascoltare musica: _____

9. cucinare: _____

10. scopare: _____

81. Eine geheimnisvolle Schatzkarte erwartet Sie auf der folgen-
den Seite. Statt aus Buchstaben besteht der Text nur aus
Zahlen (jede Zahl entspricht einem Buchstaben).
Entschlüsselt wurden bisher lediglich 8 Buchstaben. Prägen
Sie sich diese zusammen mit der entsprechenden Ziffer ein.

▶ Memo-
Tipp
3F + 6

1 = T	2 = R	3 = O	4 = V
5 = S	6 = C	7 = U	8 = D

Verschnaufpause: Das „magische Quadrat"
heißt so, weil die Summe aller waagrechten,
senkrechten und diagonalen Zahlen immer
identisch ist. Vervollständigen Sie es.

6		8
	5	
2		4

82. Prägen Sie sich die folgenden Wörter ein.
Die Reihenfolge ist wichtig.

▶ Memo-
Tipp 3A

1. DICEMBRE	2. AUGURI	3. DONI
4. DECORAZIONI	5. CANTI	6. REGALI
7. ALBERO		

81. **Entschlüsseln Sie mit Hilfe der Kenntnisse von der vorangegangenen Seite nun den restlichen Text.**

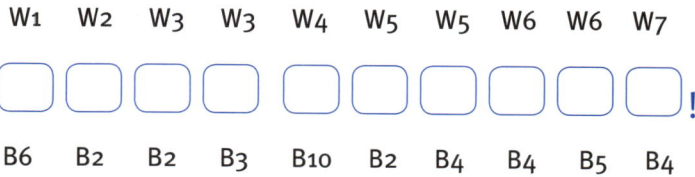

```
        4  7  3  9  –  1  2  3  4  10  2  11  –  9  12  –

        1  11  5  3  2  3?  –  13  10'  –  3  1  1  3  –

    14  10  5  5  9  –  4  11  2  5  3  –  15  3  2  8,  –

        14  10  2  1  11  15  8  3  –  8  10  12  12  10  –

    2  3  6  6  9  10  –  10  –  13  3  2  16  10  –  8  9  –

        1  11  5  6  17  9  3.  –  13  10'  –  10  12  1  2  9  –

1  2  11  15  1  10  –  14  10  5  5  9  –  4  11  2  5  3  –

        11  5  1  –  11  –  5  6  10  4  10  –  7  15  10  –

        18  7  6  10.  –  5  3  1  1  3  –  1  11  2  2  10  –

1  2  3  4  11  2  10  9  –  7  15  10  –  6  10  5  5  10  –

        14  9  11  15  10  –  8  9  –  16  3  15  11  1  11  –

                    8'  3  2  3.
```

82. Notieren Sie nun folgende Buchstaben („W" + Zahl bezeichnet das jeweilige Wort, „B" + Zahl den entsprechenden Buchstaben des Wortes).

W1	W2	W3	W3	W4	W5	W5	W6	W6	W7
◯	◯	◯	◯	◯	◯	◯	◯	◯	◯ !
B6	B2	B2	B3	B10	B2	B4	B4	B5	B4

83. Prägen Sie sich die Sätze ein. Es handelt sich um Zukunfts-überlegungen „unserer Vorfahren".

▶ Memo-Tipp 3E + 4

Chissà se anche i figli dei figli dei nostri figli ...

1. ... si scalderanno ancora con il fuoco.

2. ... andranno ancora a piedi.

3. ... dormiranno in una caverna.

4. ... combatteranno ancora con la clava.

5. ... vestiranno con le pelli.

6. ... dovranno cacciare per cibarsi.

84. Lesen Sie die Sätze laut vor. Wiederholen Sie sie dann mit geschlossenen Augen „rückwärts" nach dem unten angegebenen Schema. Prägen Sie sich dabei auch die Reihenfolge der Sätze ein.

▶ Memo-Tipp 4

Beispiel:
Domani andrò al mare.
mare – al mare – andrò al mare – domani andrò al mare

1. Arriverò tardi come al solito.

2. Domani andrai in ufficio più tardi?

3. Stasera mi dirà cosa ha pensato di fare.

4. Credo che li inviteremo per Pasqua.

5. Mi chiedo sempre se passerete l'esame.

6. Li ho invitati proprio ieri. Verranno?

83. Auf welche Sätze beziehen sich die Zeichnungen? Schreiben Sie die entsprechenden Sätze wie im Beispiel neben die passenden Zeichnungen.

Andranno ancora a piedi? _____

_____

_____

_____

_____

_____

84. An welcher Stelle im Satz steht das Verb im Futur? Notieren Sie Position und Verb wie im Beispiel.

1. *erstes Wort (arriverò)* _____

2. _____

3. _____

4. _____

5. _____

6. _____

85. Prägen Sie sich die folgenden vier Wörter ein. ▶ Memo-Tipp 6

    1. ALIMENTI   2. ANIMALI   3. PERSONE   4. VERBI

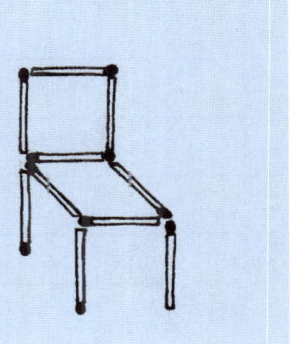

Verschnaufpause:
Drehen Sie den Stuhl
um 90 Grad, indem
Sie lediglich zwei
der Streichhölzer
verschieben.

86. Ergänzen Sie die Sprichwörter (Tipp: sie reimen sich!) und
prägen Sie sie sich zusammen mit der dazugehörigen Nummer
ein. Überprüfen Sie Ihre Ergänzungen dann mit den Lösungen. ▶ Memo-Tipp 3C + 4

1. Tra moglie e ☐☐☐☐☐☐ non mettere dito.

2. Rosso di sera, buon tempo si ☐☐☐☐☐.

3. Cielo a pecorelle, ☐☐☐☐☐☐ a cat nelle.

4. Val più la pratica che la ☐☐☐☐☐☐☐☐☐☐.

5. Tra il dire e ☐☐ ☐☐☐☐ c'è di mezzo il mare.

6. Moglie e buoi dei paesi ☐☐☐☐.

85. Finden Sie für jeden der folgenden Anfangsbuchstaben ein Wort, das zu den vier Themenbereichen der vorangegangenen Seite passt.

	1. _____	2. _____	3. _____	4. _____
G				
L				
M				
P				
S				

86. Zu welchen Sprichwörtern gehören die folgenden Erklärungen?

☐ = a. Tante nuvolette rotonde annunciano pioggia.

☐ = b. Per vivere bene, sta' nel tuo ambiente.

☐ = c. Evita di intrometterti nei problemi coniugali degli altri.

☐ = d. È più facile parlare che agire.

☐ = e. Un tramonto colorato promette bel tempo.

☐ = f. Saper fare è più importante che sapere.

87. Merken Sie sich die folgenden Fragen und ihre Reihenfolge.
Überlegen Sie sich auch mögliche Antworten auf die Fragen. ▶ Memo-
Tipp
3E + 5

1. Cosa si può stringere?   _____

2. Cosa può crollare?   _____

3. Cosa si può spiegare?   _____

4. Cosa si può stendere?   _____

5. Cosa si può rispolverare?   _____

88. Prägen Sie sich die folgenden Definitionen in der
angegebenen Reihenfolge ein. ▶ Memo-
Tipp 4

1. È famoso quello Adriatico.

2. È il contrario di *bene*.

3. È sinonimo di *tipo*.

4. Modo colloquiale per TV.

5. Sono frutti rotondi rossi o gialli.

6. Lo è ottobre.

87. Kreuzen Sie die jeweils richtige Antwort an.

1. ... ma senza nodo?
    - ☐ I lacci delle scarpe.
    - ☐ La cravatta.
    - ☐ Il foulard.
    - ☐ La cintura di sicurezza.

2. ... in seguito a una crisi?
    - ☐ La Borsa.
    - ☐ Un ponte.
    - ☐ Una casa.
    - ☐ Il capo.

3. ... sul tavolo?
    - ☐ La tovaglia.
    - ☐ Una parola.
    - ☐ Un enigma.
    - ☐ La voce.

4. ... con il matterello?
    - ☐ Le braccia.
    - ☐ La biancheria.
    - ☐ La mano.
    - ☐ La pasta.

5. ... ma senza uno straccio?
    - ☐ Un mobile.
    - ☐ Un tavolo.
    - ☐ Una regola.
    - ☐ I libri.

88. Bei einem Metagramm verwandelt sich durch Veränderung eines Buchstabens ein Wort in ein anderes (z. B. Maus, Laus, Laut, ...). Versuchen Sie mit Hilfe der Definitionen, Wörter zu finden, die das folgende Metagramm lösen.

1. ___*mare*___ → 2. _____ → 3. _____ →

4. _____ → 5. _____ → 6. ___*mese*___

**89. Merken Sie sich die Verbindungen aus Farbe und Satz.
Denken Sie dabei an Ihre fünf Sinne!**

▶ Memo-
Tipp
3E + 3G

nero → Ma è bellissimo!   giallo → Che buon odore!

verde → Che buona questa   bianco → Ma non ci senti?
        torta!

blu   → Che morbida
        questa stoffa!

**90. Lesen Sie sich die folgenden Sätze aufmerksam durch und
prägen Sie sie sich ein. Die Sätze beinhalten alle eine besondere Schwierigkeit für Lerner mit deutscher Muttersprache.
Versuchen Sie herauszubekommen, von welcher Schwierigkeit
die Rede ist.**

▶ Memo-
Tipp 8

1. In una ditta vale solo la firma del direttore.

2. Che poco elegante! Porta la giacca come se fosse un sacco.

3. Ho messo la macchina fotografica in camera.

4. Metti il regalo su quello scaffale!

5. Quel pugile indossa sempre dei boxer neri.

6. Per uno studente la borsa di studio è praticamente uno
   stipendio.

89. Welche „Farbe" haben die folgenden Sätze?

1. _____ → Guarda che hanno suonato. Vai tu ad aprire?

2. _____ → Da dove viene questa puzza di bruciato?

3. _____ → Mamma mia se scotta!

4. _____ → Ma hai dimenticato il sale? Non sa di niente.

5. _____ → Che mattina luminosa!

6. _____ → Mah, sono di un cuoio troppo ruvido.

7. _____ → Sempre occupato questo telefono!

90. Haben Sie bemerkt, dass in jedem Satz ein „falscher Freund" zusammen mit seiner richtigen Übersetzung versteckt war? Schreiben Sie alle falschen Freunde wie im Beispiel angegeben auf.

Firma = *ditta* → *firma* = *Unterschrift*

_____ = _____ → _____ = _____

_____ = _____ → _____ = _____

_____ = _____ → _____ = _____

_____ = _____ → _____ = _____

_____ = _____ → _____ = _____

91. Merken Sie sich die folgenden Wörter.

▶ Memo-
Tipp
3E + 6

mina	teatro
nodo	camino
sacco	risata
perle	tegola
manica	spinaci

> **Verschnaufpause: Stellen Sie sich vor, Sie haben ein Seil von 26 Metern Länge und schneiden davon jeden Tag zwei Meter ab. Nach wie vielen Tagen sind Sie damit fertig?**
>
> Nach _____ Tagen.

92. Vervollständigen Sie die folgenden Verben mit einem Ihnen geläufigen, passenden direkten Objekt. Prägen Sie sich die Verben dann ein.

▶ Memo-
Tipp 4

adottare _____   sposare _____

portare _____   mettere _____

fare _____   promuovere _____

impostare _____   stendere _____

91. Die folgenden Wörter sind Anagramme derjenigen Wörter, die Sie sich gerade eingeprägt haben. D. h. die Buchstaben wurden innerhalb eines Wortes so umgestellt, dass ein neues Wort entsteht. Schreiben Sie neben jedes Anagramm das entsprechende ‚ursprüngliche' Wort aus der Liste der vorangegangenen Seite.

piscina	→	_spinaci_	mani	→	_____
attore	→	_____	mancia	→	_____
camion	→	_____	dono	→	_____
casco	→	_____	lepre	→	_____
satira	→	_____	gelato	→	_____

92. Ergänzen Sie die folgenden direkten Objekte mit den Verben der vorangegangenen Seite. Achtung: Die Bedeutung der Verben kann sich im Vergleich zu den Ausdrücken, die Sie gebildet haben, verändern.

_____ una campagna	_____ notizia
_____ un'idea	_____ una lettera
_____ iella	_____ un problema
_____ paura	_____ un metodo

Das Lesen bzw. Leseverstehen ist eine Fähigkeit, die sich durch spezifische Übungen verbessern lässt. Im Folgenden stellen wir Ihnen ein paar Möglichkeiten vor.

1. Schneller lesen

Um in einem Text gezielt die Informationen zu entdecken, die Sie interessieren und dabei die unwichtigen Stellen zu vernachlässigen, muss man in der Lage sein, schnell zu lesen. Testen Sie sich: Nehmen Sie eine Stoppuhr (womöglich hat Ihr Mobiltelefon eine entsprechende Funktion), ein Buch oder eine Zeitung in Ihrer Muttersprache und überprüfen Sie, wie viele Wörter Sie innerhalb einer Minute lesen können (Artikel oder Konjunktionen zählen dabei nicht als eigenständige Wörter).
Wenn Sie mehr als 300 Wörter geschafft haben, sind Sie bereits ein sehr schneller Leser. Wenn Sie darunter liegen, sollten Sie nach und nach versuchen, die Geschwindigkeit beim Lesen zu erhöhen. Übung macht den Meister: Denn je mehr Sie lesen, desto schneller lesen Sie. Außerdem gewöhnt sich das Gehirn innerhalb kurzer Zeit an das schnellere Tempo beim Lesen. Es ist bei einem schnellen Lesetempo insgesamt sogar leistungsfähiger!

2. Texte „überfliegen"

Wenn man einen Text „überfliegt" – oder „quer" liest – verschafft man sich einen ersten Überblick. Die Beherrschung dieser Technik ist wichtig für die Beurteilung, ob es sich lohnt, einen Text genauer – also Wort für Wort – zu lesen oder nicht. Dazu muss man sich darüber bewusst sein, welche Informationen man in einem Text finden möchte (Namen, Begriffe etc.). Beim Überfliegen des Textes müssen Sie dann auf Wörter, die mit dem Gesuchten in Verbindung stehen, Acht geben (und diese eventuell unterstreichen). Anhand der (Menge der) Signalwörter können Sie dann entscheiden, ob der Text für Ihre Zwecke geeignet ist (selektives Leseverstehen). Viele Texte müssen also nicht bis ins Detail gelesen werden. Auch um in einem Text die groben Zusammenhänge wiedergeben zu können, reicht es, ihn zu „überfliegen". Dabei sucht man Antworten auf die sogenannten W-Fragen: Wer? Was? Wann? Wo? Wie? Warum? etc. Wenn Sie einen Text vor dem Hintergrund dieser Leitfragen „überfliegen", erkennen Sie schnell den Gesamtzusammenhang (globales Leseverstehen).

3. Blickfeld erweitern

Die Erweiterung des Blickfelds erlaubt es, die Lesemenge mit einem Blick zu erweitern, also längere Wörter oder ganze Sätze schneller zu erfassen. Je stärker das Blickfeld eingeschränkt ist, desto eingeschränkter arbeitet das Gehirn. Fordern Sie Ihr Gehirn also, indem Sie Ihr Blickfeld und damit die zu verarbeitende Datenmenge erweitern. Testen Sie sich, indem Sie – ohne die Augen zu bewegen – versuchen, so viele Wörter wie möglich zu erfassen.

4. Inhalte „erraten"

Kontextgebundenes „Erraten" von Buchstaben und Silben erleichtert und beschleunigt den Leseprozess. Bei geläufigen Wörtern werden dabei z. B. nicht alle Silben bewusst gelesen, sondern passend im Gehirn ergänzt, sodass das Wort vor dem jeweiligen Texthintergrund Sinn ergibt.

5. Vermutungen anstellen

Stellen Sie im Vorfeld Vermutungen über den möglichen Inhalt eines Textes an (z. B. anhand seiner Überschrift). Hilfreich sind

auch hier die W-Fragen. Dieser Schritt wird Ihnen das Textver-
ständnis erleichtern und Ihnen außerdem helfen, den Inhalt besser
im Gedächtnis zu behalten.
Es spielt letztlich auch keine Rolle, ob Ihre Vermutungen zutreffen.
Denn die Auseinandersetzung mit Vermutungen vor dem Lesen
gewährleistet während des Lesens eine aktivere und effektivere
Aufnahme der Inhalte und sorgt außerdem für Bestätigungen oder
Überraschungen.

6. Details erfassen

Wenn man in einem Text Einzelheiten verstehen möchte, spricht
man vom detaillierten oder analytischen Lesen. Man liest Wort für
Wort, Zeile für Zeile, Absatz für Absatz. Um alles zu erfassen und
zu verstehen, muss man den Vorgang evtl. auch wiederholen.
Um sich die Inhalte dann auch zu merken, können Sie natürlich
wieder auf die Ihnen aus den vorangegangenen Übungen bereits
bekannten Memo-Tipps zurückgreifen.

Die folgenden Übungen greifen die hier dargestellten Lesestrategien wieder auf. Die Verweis ▶ L + Ziffer führt Sie zu der jeweils für
eine Aufgabe anwendbaren Lesestrategie. Die übrigen Angaben
beziehen sich auf die zu Beginn des Buchs dargestellten Memo-
Tipps.

93. Lesen Sie den folgenden Text lautlos und stoppen Sie die
Zeit, die Sie dafür benötigen. Lesen Sie den Text insgesamt
drei Mal und stoppen Sie jedes Mal die Zeit. Haben Sie sich
verbessert? Um wie viele Sekunden?   ▶ L1

Il caffè è forse la bevanda più famosa al mondo. Il suo nome è simile quasi ovunque, ma in Etiopia, il suo Paese di origine, si chiama *bunna*. Sì, il caffè è nato in Etiopia, in una regione di nome Kaffa, dove si sono scoperte le prime piante. Per molti secoli il caffè non si è bevuto: i chicchi erano mangiati interi o tritati assieme al burro bollito, abitudine ancora in uso in alcune isolate province della zona.

Tra le varie leggende sulla scoperta del caffè c'è quella di un pastore di Kaffa che aveva delle capre pigre e sempre mezze addormentate. Ma un giorno gli animali, dopo aver mangiato le bacche di una pianta, si ritrovarono pieni di energia. Anche il pastore allora le assaggiò e le trovò molto stimolanti. Un monaco, vedendo il pastore così allegro, volle provare anche lui le bacche e notò, durante le lunghe preghiere della notte, che la sua mente era più attenta e acuta. Così il monaco trasmise il segreto del caffè, diffuso prima in tutta l'Etiopia e poi nel mondo.

94. ▶ L2 **Erkennen Sie so schnell wie möglich das Wort, das nicht in die jeweilige Reihenfolge passt.**

1. belli belle bella ballo bello
2. pendo pendi panda pende
3. sento santo senti sente sento
4. ballo bollo bolli bollo bolle
5. pollo polli pelle polli pollo

95. Lesen Sie die Wörter, indem Sie immer das kleine Quadrat im Auge behalten. ▶ L3

▪	▪
mano	tenere
▪	▪
mancia	tendere
▪	▪
manica	settimana
▪	▪
mangiare	stipendio
▪	▪
mattinata	precariato
▪	▪
matterello	padroncina
▪	▪
marciapiede	precipitazione

96. Lesen Sie Zeile für Zeile, aber fixieren Sie mit Ihrem Blick dabei die Mitte des Textes. ▶ L3

uno

donna

partire

marmotta

affettuoso

attentamente

tamponamento

fondamentalmente

97. Lesen Sie die folgenden italienischen Wörter laut.
Sie sind Ihnen im Laufe der vorangegangenen Übungen
▶ L4   **bereits begegnet.**

l▪mpada   pas▪eg▪ino   g▪mma

ca▪na▪ione   g▪mba   g▪and▪ne

nov▪mb▪e   l▪▪tera   ore▪▪hio

▪um▪re   pi▪ci▪a   term▪si▪one

salo▪▪o   ▪ost▪ fi▪▪o   lav▪ro n▪ro

e▪▪rcit▪▪▪ una p▪ofe▪▪▪one

98. Lesen Sie laut den folgenden Zeitungsbericht und ergänzen
▶ L4   **Sie dabei möglichst flüssig die fehlenden Vokale.**

B▪mb▪na m▪tt▪ no▪nn▪ s▪ eBay

Un▪ b▪mb▪n▪ di 10 ▪nn▪ ha messo in v▪ndita
l▪ n▪nn▪ s▪ eBay p▪rché n▪n la s▪pport▪v▪ p▪ù.
Sul f▪mos▪ sito di aste la b▪mbin▪ h▪ d▪scr▪tt▪
l▪ n▪nn▪ com▪ un▪ p▪rs▪na ch▪ s▪ lament▪ ▪n
contin▪azion▪, m▪ ▪nch▪ m▪lt▪ ▪ff▪ttu▪sa. L▪ b▪mb▪n▪
n▪n ha m▪ss▪ un limite m▪n▪m▪ di pr▪zz▪, m▪,
pr▪m▪ d▪ll▪ cancellazione da parte d▪ eBay, s▪n▪
▪rr▪vate 27 offerte.

99. **Lesen Sie den folgenden Text laut vor. Ergänzen Sie die fehlenden Informationen beim Lesen.**   ▶ L4

Pescato piranha da tre etti

È stato pescato un piranha adulto da tre etti. Una grossa sorpresa per il pescatore che è tornato a casa con l'insolita preda. Potrebbe trattarsi di un piranha che qualcuno ha gettato nel fiume dopo aver svuotato l'acquario di casa.

100. **Suchen und unterstreichen Sie im Text die Wörter, die Sie dem Bereich „Kriminalität" zuordnen (auch wenn Sie die genauen Wortbedeutungen nicht kennen).**   ▶ L2

Sequestrano gatto e chiedono riscatto, arrestate 7 persone

Sequestrano un gatto e chiedono il riscatto. ma la donna li denuncia: arrestate 7 persone, responsabili del "rapimento". La padrona del felino ha ricevuto una telefonata: una voce annunciava che il suo micio era stato rapito e che, per farlo tornare, servivano 20 euro. La donna ha accettato, ma, prima di recarsi sul luogo convenuto, ha chiamato i Carabinieri. I "rapitori", 4 donne e 3 uomini, sono accusati di estorsione.

Lesen Sie den Text erneut, diesmal mit dem Augenmerk auf die Vergangenheitszeiten.

101. **Interessieren Sie sich für Sport (a), Gerichtsberichte (b), Medizin (c), Wirtschaft (d), Nachrichten aus aller Welt (e) und von Stars und Sternchen (f)? Welche der folgenden Artikel würden Sie lesen?**

▶ L2 + L5

1. Scoperto tema scritto da McCartney alle elementari.   _f_
2. Rapita telefona da bagagliaio dell'auto.   ____
3. Borse in calo in Europa e sui mercati asiatici.   ____
4. Lascia l'autobus in sosta e va a cena.   ____
5. Tanta attesa, zero gol.   ____
6. Italiani scoprono il gene-chiave del tumore del cervello.   ____

102. **Lesen Sie den Artikel vor dem Hintergrund der folgenden Fragen.**

▶ L2

1. Chi è il protagonista della vicenda?

2. Cos'è successo?

Pensionato superonesto

Un pensionato di 70 anni ha trovato una schedina del Superenalotto di circa 15.000€ e l'ha restituita al proprietario. L'anziano stava facendo una passeggiata, quando ha trovato il portafoglio con dentro la schedina, alcuni santini e lo scontrino di una ricarica telefonica. Grazie a quest'ultimo, che riportava il numero di telefono, è riuscito a individuare il proprietario, un operaio di 36 anni.

103. Lesen Sie die folgende Schlagzeile und stellen Sie eine kurze Vermutung über den Inhalt des dazugehörigen Zeitungsartikels an. Die W-Fragen können Ihnen dabei als Leitfragen behilflich sein. Blättern Sie dann um.

▶ L5

Ladri inseguiti chiedono aiuto chiamando il 113[1]

[1] Notrufnummer in Italien

104. Lesen Sie den folgenden Artikel und prägen Sie sich die darin genannten Detailangaben (Maße, Kosten, etc.) ein. Versuchen Sie dann, die Aufgabe auf der folgenden Seite zu lösen.

▶ L6 + Memo- Tipp 4 + 8

NEW YORK – SI VENDE LA CASA PIÙ STRETTA

New York ■ La casa più stretta di New York è in vendita ad un prezzo tutt'altro che piccolo, 2,75 milioni di dollari. Situata nel Greenwich Village, è larga meno di tre metri, ha tre piani per un totale di 140 metri quadri. Costruita nel 1873 ha ospitato personaggi come l'antropologa Margaret Mead, la poetessa Edna Millay, Cary Grant e John Barrymore.

103. Treffen Ihre Vermutungen zu? Lesen Sie den zur Schlagzeile gehörigen Zeitungsartikel.

Sorpresi a rubare benzina dai titolari di un negozio di automobili e da loro inseguiti, due ladri hanno telefonato al 113 chiedendo aiuto. I banditi avevano forzato la porta, ma erano stati sorpresi dai proprietari che, armati di bastoni, li hanno inseguiti fino sul tetto di una casa. I ladri, così, non hanno trovato di meglio che telefonare alla polizia: "Arrestateci, altrimenti ci picchiano", hanno detto. Poco dopo i poliziotti li hanno esauditi.

104. Ergänzen Sie die fehlenden Informationen (Zahlen und Namen).

La casa più stretta di New York è in vendita al prezzo di

_____ di dollari. È larga meno di _____

metri, ha _____ piani per un totale di _____ metri quadri.

È stata costruita nel _____ .

Ci hanno abitato personaggi come

_____ , _____ ,

_____ e _____ .

105. **Lernen Sie den Text auswendig.**

▶ L6 +
Memo-
Tipp
3E + 4

Perché il cielo è blu?
L'atmosfera terrestre è uno
strato di gas che circonda la
terra, la protegge dai raggi
del sole e lascia passare solo
uno dei sette colori che
compongono la luce solare, il blu.

> **Verschnaufpause: Ein Kalenderblatt zeigt den 1. April
> an. Wie viele Blätter müssen Sie abreißen, bis Sie zu
> einem Datum mit der Angabe 31. gelangen?**
>
> _____

106. **Prägen Sie sich den Text ein.**

▶ L6 +
Memo-
Tipp
3E + 4

Pappagallo parla come un bambino

Il suo nome è Cocorito, ha sette anni, è un africano
grigio e vive negli Stati Uniti. È il primo animale al
mondo a parlare come un bambino. Conosce alla perfezione 950 parole e pronuncia i termini rispettando
le principali regole fonetiche inglesi.

105. Beantworten Sie die folgenden Fragen.

1. Il testo (completo di titolo) contiene punti di domanda?

_____

2. Di quante parole è composto il testo? _____

3. Quanti articoli ci sono? _____

4. Quanti numeri appaiono? _____

5. Quanti "la" ci sono? E hanno lo stesso significato?

_____

106. Lesen Sie den Text erneut, unterstreichen Sie die Wörter, die verändert wurden und ersetzen Sie sie mit den ursprünglichen Wörtern.

Si chiama Cocorito, ha sette anni, è un africano grigio e vive in America. È il primo pappagallo al mondo a parlare come un bimbo. Conosce perfettamente 950 parole e pronuncia i vocaboli rispettando le principali regole fonetiche inglesi.

107. **Lernen Sie die Sätze samt Nummerierung auswendig.**

▶ L6 +
Memo-
Tipp 4

1. Appena nato è già entrato nel Guinness dei primati.

2. Nino Caretti, nato in un ospedale di Napoli, è detentore di un record mondiale.

3. Il bambino infatti ha il maggior numero di antenati ancora in vita: 13 tra nonni, bisnonni e trisnonni.

108. **Lesen Sie den Artikel. Prägen Sie sich die Ihrer Ansicht nach fehlenden Wörter ein.**

▶ L6 +
Memo-
Tipp 4

Polizia multa auto dei carabinieri

La volante viaggiava a 111 km/h in una

_____ dove il _____

è 110 km/h. I carabinieri si sono visti recapitare,

dai cugini della stradale, una _____

per eccesso di _____ . La

_____ era in missione, ma il rilevatore

non ha fatto sconti: multa per aver viaggiato un

chilometro all'ora in più di quanto previsto dal

_____ .

107. In welchen der drei Sätze finden sich ...

1. nomi di parentela?   *Nella terza frase.*

2. il nome del bambino?

3. un numero?

4. il nome di una città?

5. un altro nome proprio?

6. un superlativo?

7. un aggettivo?

Verschnaufpause: Lösen Sie die „Gleichung".

$$\ominus : \oplus = \blacksquare : X$$

---

108. Bringen Sie die folgenden fehlenden Wörter aus dem Text auf der vorangegangenen Seite in die richtige Reihenfolge. Fügen Sie sie dann auch in den Text ein.

_____ contravvenzione		_____ codice
__1__ strada		_____ volante
_____ velocità		_____ limite

109. Die folgenden Schlagzeilen sind nicht eindeutig einem
Thema zuzuordnen. Stellen Sie auf Italienisch Vermutungen
über mögliche Inhalte an. Prägen Sie sich dann die Sätze
mit der dazugehörigen Nummerierung ein.

▶ L5 +
Memo-
Tipp 4

1. # Grassi per lavoro.

2. # Trento la più virtuosa.

3. # Per fortuna non ho vinto.

4. # L'odissea di un borsone verde.

110. Lesen Sie überblicksartig den folgenden Artikel.

▶ L2

Venezia vieta ai pedoni di camminare in senso contrario

I trasgressori andranno incontro a una multa da
25 a 500 €. Durante i festeggiamenti del Carnevale
di Venezia, che si terranno dal 7 al 24 febbraio, per
le strade principali della città non sarà possibile per
i pedoni camminare contromano.
La curiosa decisione è stata presa dal Comune in via
definitiva.

109. Welchen Schlagzeilen entsprechen die folgenden Untertitel?

_____ «Pesavo 60 chili, sono arrivato a 130». La dura vita del critico gastronomico.

_____ Vacanza rovinata. Sbarca all'aeroporto di Lampedusa, ma non trova il bagaglio con tutto quello che le serviva per le ferie.

_____ **I problemi riguardanti l'incasso e l'investimento (ma non solo) dei vincitori al Superenalotto.**

_____ La nostra Università è appena stata giudicata la migliore d'Italia.

110. Beantworten Sie die Fragen.

1. Dov'è successo il fatto?

_____

2. In occasione di quale festa è stata presa la decisione?

_____

3. Che multa possono prendere i trasgressori?

_____

4. Quanti giorni durerà il Carnevale?

_____

111. **Prägen Sie sich die folgenden Wörter mitsamt ihrer Nummerierung ein.**

▶ Memo-
Tipp 5

1. libro

2. memoria

3. frase

4. grado

5. arrivederci

6. se

7. ricomporre

8. essere

9. grande

10. in due

111. Vervollständigen Sie den Text, indem Sie die den Ziffern entsprechenden Wörter eintragen.

(6) _____ sei stato/-a in

(4) _____ di (7) _____

questa (3) _____ , la tua

(2) _____ funziona alla

(9) _____ e il (1) _____

ti è forse servito. Possiamo (8) _____

soddisfatti (10) _____ .

(5) _____ !

2.   due, quattro, sette, nove, dieci, dodici, tredici, quattordici, quindici, diciotto, diciannove, venti

3.   ... austriache. Felipe è spagnolo. Clara è italiana. Bernadette è francese. John è inglese. Hans e Klaus sono tedeschi.

4.   gennaio, febbraio, marzo, maggio, luglio, agosto, ottobre, dicembre

5.   <u>alimenti</u>: tagliatelle, cotoletta, sogliola, affettato, risotto
<u>professioni</u>: operaio, commesso, insegnante, medico, ingegnere

6.   1. Sono le tre e quarantacinque / le quattro meno un quarto.
2. È mezzogiorno / mezzanotte. 3. Sono le sei e un quarto.
4. Sono le tre e mezzo / mezza. 5. Sono le cinque e quaranta / le sei meno venti. 6. È l'una.
Abgebildet sind: È mezzanotte. È mezzogiorno. Sono le quattro meno un quarto.

7.   Mario, Milano, Italia; architettura, studio, padre

Verschnaufpause: Es sind mehr als 10 Dreiecke.

8.   cognome, data di nascita, luogo di nascita, data di rilascio, nome, data di scadenza / Lösung: **cittadinanza**

9.   2.562, 15.827, 128.426, 327.814, 1.905.356, 2.000.008

10.   1. pesce, latte, salame; 2. carne; 3. le uova (l'uovo)

11.   <u>profumo</u>: piatto di spaghetti, tazza di caffè, torta, fiore; <u>odore sgrade-vole</u>: bidone delle immondizie, pesce marcio, puzzola, piedi sudati

13.   un tovagliolo, un coltello, una bottiglia

14.   1. (+ 3) = 15 / 18; 2. (- 2) = 13 / 11; 3. (x 2) = 32 / 64;
4. (x 2 + 1) = 95 / 191

15.   il pomodoro, l'aglio

16.   1. vero, 2. falso, 3. falso, 4. falso

17. persona attiva: andare in palestra / in montagna / in bicicletta / a sciare / a ballare, giocare a tennis / a calcio, fare una passeggiata / due passi; persona sedentaria: guardare la tv, giocare a carte, navigare su Internet, restare a casa, ascoltare musica

Verschnaufpause: Um 20 Vokabeln zu lernen, braucht man genauso viel Zeit wie für das Doppelte der Hälfte von 20 Vokabeln, da es sich beide Male um 20 Vokabeln handelt.

18. non, veramente, tempo, invito, teatro

19. insalata-frittata; salumiere-bicchiere; giorno-forno; preferire-finire; telefonare-prenotare; città-attività; finestra-minestra

Verschnaufpause: 19 (die Zahlen folgen dem Schema + 3 − 1)

20. 1. vino, acqua minerale, birra; 2. pollo, maiale, vitello; 3. 19 (3 di vino, 4 di acqua, 12 di birra); 4. bicchieri, tovaglioli

21. Aussprache: a, bi, ci, di, e, effe, gi, acca, i, elle, emme, enne, o, pi, qu, erre, esse, ti, u, vi/vu, zeta

Verschnaufpause: Es fehlt der Buchstabe U. Die Buchstaben sind die Anfangsbuchstaben der italienischen Zahlen von 10 bis 1 (dieci – nove – otto – sette – sei – cinque – quattro – tre – due – uno).

25. 1. Chi dorme?; 2. Dove vai?; 3. Quando arrivi?; 4. Perché non vieni? 5. (Che) cosa fai?

Verschnaufpause: F (6. Buchstabe des ital. Alphabets) + N (12. Buchstabe des ital. Alphabets) = 18

26. 1. si seminano i fiori e si vedono le rondini. 2. si mangia il gelato e si prende il sole. 3. si raccoglie l'uva e si mangiano le castagne. 4. si scia e si indossa il cappotto.

27. 2. della Juve(ntus); 3. del Verona; 4. del Bari; 5. dell'Inter; 6. del Palermo; 7. del Bologna; 8. del Milan

Verschnaufpause: Man benötigt vier Farben (gelb, rot, grün, schwarz). Schwarz für das Gehäuse der Ampel. Das Autobahnschild in Italien ist grün. Auch wenn die Farbe Weiß vorkommt, werden Sie sie sicherlich nicht für eine Zeichnung verwenden.

28. Es handelt sich um unveränderliche Adjektive. Dazu gehören *blu, lilla, rosa, viola,* außerdem Farbadjektive + *chiaro / scuro* sowie alle zusammengesetzten Farbbezeichnungen (Farbadjektiv + Substantiv, z. B. *verde bottiglia*).

29. 1. La carne si vende in macelleria. 2. I clienti sono una zia e Maria. 3. La zia compra pollo e manzo; Maria vitello e tacchino. 4. È un vegetariano. 5. Si chiama Elia.

30. tabaccheria – cartoleria, mercato – titolare, panificio – scontrino fiscale, supermercato – commerciante

32.

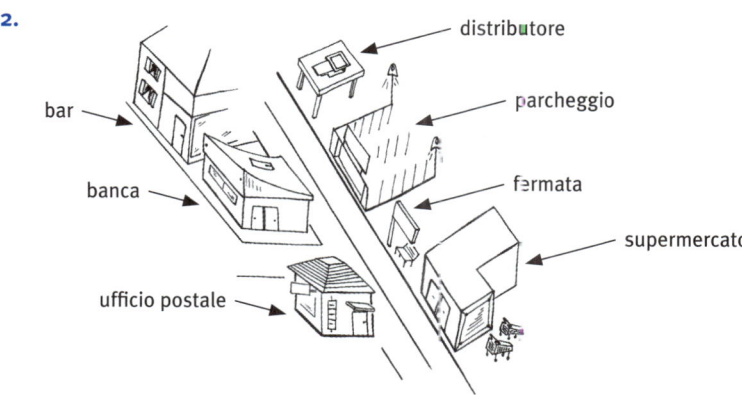

33. magro, pallido, bocca, slanciato, tarchiato, vecchio; „che barba!" bedeutet „wie langweilig!"

34. Tutti e due hanno / portano gli occhiali e hanno gli occhi e le sopracciglia scuri. Il padre è calvo, ha barba e baffi ed è più basso del figlio. Il figlio ha molti capelli, non ha né barba né baffi ed è più alto del padre.

35. spalla 6, braccio 3, dito 2, gamba 7, piede 4, orecchio 5, testa 1

36. naso, viso, capelli, gambe, occhi, labbra; (occhi) blu, (gambe) snelle, (viso) ovale, (labbra) carnose, (capelli) brizzolati, (naso) aquilino

37. 1. occhio; 2. mani; 3. capelli; 4. gamba; 5. cuore
1. Quei due si prendono sempre per i capelli. 2. Paolo ha le mani bucate. 3. È davvero in gamba. 4. Linda ha il cuore in mano. 5. Costa un occhio della testa.

40. Ho cenato. Sono tornato/-a a casa. Sono uscito/-a. Ho studiato. Ho fatto colazione. Ho fatto la doccia. Ho preso un caffè. Mi sono alzato/-a.

41. Il passato prossimo si forma con il presente di *essere* / *avere* + participio passato del verbo. Formano il passato prossimo con *avere* i verbi transitivi (frasi 3 + 5), con *essere* i verbi riflessivi (frase 2), impersonali (frasi 4 + 7) e quelli di movimento (frasi 1 + 6). Il participio passato dei verbi con *essere* si comporta come un aggettivo (frasi 1 + 6), quello dei verbi con *avere* finisce sempre in -o.

Verschnaufpause: Sì, solo febbraio, novembre e dicembre hanno 8 lettere.

42. rospo → sposo → sogliola → lana → nave → vestito → toro → rosa → salone → nemico → cognome

43. … il 20 gennaio; Giovanna il 21 febbraio; Linda il 28 luglio; Paolo il 12 agosto; Clara il 30 settembre; Luciana il 24 ottobre; Serena il 14 novembre; Edoardo il 22 dicembre.

Verschnaufpause: 9876

44. vista: osservare, guardare, vedere / trasparente, luminoso, verde; udito: sentire, ascoltare / assordante; gusto: sentire, assaggiare / amaro, dolce, insapore; tatto: sfiorare, accarezzare, sentire, toccare / ruvido, caldo, morbido, liscio; olfatto: annusare, sentire / puzzolente. Das Verb *sentire* (hören, spüren, riechen, schmecken) kommt mehrmals vor.

45. 1. quattro: scarpa, cravatta, gonna, guanti; 2. cintura; 3. castagna; 4. maglione / terrazzo; 5. sì

46. bottiglia = 3.; porta = 1.; cassetto = 4.; libro = 5.; bicchiere = 2.

47. 1. falso; 2. vero; 3. falso; 4. vero; 5. vero; 6. vero; 7. falso; 8. falso

48. Es gibt keine Veränderungen. / Zu Hause.

49. 1. Silvio, 2. Maria, 3. Gigi, 4. Adriano, 5. Gino

50. doccia, bagno, studio, water, finestra, materasso, asciugamano, porta, balcone, soggiorno, piano, facciata, pavimento, bidè
Oberbegriff: arredamento di un appartamento / di una casa

51.

1.	2.				
		3.		7.	
		4.		6.	8.
			5.		9.
				10.	
					11.

Verschnaufpause: X = dormire

52. 1. due armadi; 2. cinque elettrodomestici (frigorifero, forno, lavastoviglie, lavatrice, aspirapolvere); 3. la vasca; 4. sì; 5. no, due

53. Der Name der Person und das Transportmittel beginnen jeweils mit demselben Buchstaben. Mögliche Lösung: Anna: aereo, auto(mobile), autocarro; Carla: corriera; Benedetto: barca, bus. Weitere mögliche Kombinationen: Nino: nave; Teresa: treno, tram

Verschnaufpause: (10 x 2) + (5 x 3) + (3 x 4) = 47

54. termosifone (Che freddo!); ombrello (Che pioggia!); materasso (Che sonno!); sbadiglio (Che barba!); bicchiere (Che sete!); orologio (Che tardi!); sole (Che caldo!); sciarpa (Che vento!); panino imbottito (Che fame!), capello nella minestra (Che schifo!)

55. basso – grasso – forte / scortese – pacifico – lontano / largo – attento – bello / lungo – intelligente – grande

Verschnaufpause:

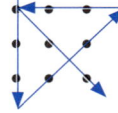

56. Mögliche Lösung: Hans è estroverso. Linda e Willi sono estroversi. Karl è esigente, Luise è esigente, Karl e Luise sono esigenti. ...

Verschnaufpause: 1001

58. Mögliche Lösung: Trento / Benevento; Lucca; Val Padana; Lecco; Bari; Torino / Portofino; Como; Caserta; Ravenna / Enna; Crotone / Pordenone / Frosinone

59. suocera, figlio, fratello, bisnonno, padre, genero, bisnonna, marito, cugino, pronipote / bisnipote

Verschnaufpause: ? = 1500 (Die Zahlenreihen folgen nacheinander dem Prinzip x 1, x 2, x 3, x 4, x 5).

60. 1. padrino, 2. renna, 3. testa, 4. ladro; Lösung: **parentela**

61. ♂: scapolo, celibe; ♀: nubile; ♂ + ♀: vedovo/-a, sposato/-a, coniugato/-a, single, divorziato/-a, separato/-a, convivente

Verschnaufpause: Es sind 16 geometrische Figuren (ABHG, GHDE, ABDE, AFG, FGE, BCH, HCD, BCD, AFE, ABCF, FEDC, ABHF, ABCG, FHDE, GCDE, ABCDEF).

62. aereo: accettazione, atterraggio, carta d'imbarco, controllo bagagli, decollo; treno: binario, capostazione, cuccetta; macchina: cric, faro, freno, frizione, tergicristallo

63. Fa caldo / freddo. C'è la nebbia. C'è il sole. È nuvoloso. Grandina. Nevica. Piove.

Verschnaufpause: ⑥
②①
④③⑤

64. Bel tempo: martedì, giovedì, venerdì; Brutto tempo: oggi, domani,
mercoledì, sabato; Oggi è domenica.

65. Non uscire: 5., Non entrare: 2, Non sostare: 1, Non fumare: 4, Non
passare: 3; Den verneinten Imperativ der Du-Form bildet man im
Italienischen mit *non* + Infinitiv des Verbs.

66. 2. Non attraversi / non attraversate. 3. Non si appoggi / non
appoggiatevi (non vi appoggiate). 4. Non giochi / non giocate.
5. Non introduca / non introducete. 6. Non fumi / non fumate.

67. X = lavoro; Y = (il) capitale; Z = professione; A = ufficio;
B = azienda

Verschnaufpause: 1 + 1 + 1 + 1 + 11 = 15

68. waagrecht: precariato, professione, disoccupato, lavoro nero, socio,
lavorare, affare, licenziare, svolgere, apprendista; senkrecht: impiego,
posto fisso; diagonal: assumere;
pecunia non olet = il denaro non puzza

69. Lösung: **Enrico de Nicola**

70. umido organico: tovagliolo di carta usato (auch bei *secco* möglich),
resti di frutta, guscio d'uovo, fondi di caffè, tè in bustina; secco:
posate di plastica sporche; carta e cartone: quotidiano, libro,
quaderno; vetro + lattine: bottiglia, bicchiere; plastica: flacone di
detergente

71. 2, 5, 4, 3, 7, 9, 1, 8, 6

72. imperfetto: andavo, era, teneva, rideva, mangiava; passato prossimo:
ho incontrato, è passato, ha rubato, ha cominciato

73. 1. Mario, 2. Flavia, 3. Dante, 4. Luca, 5. Eva, 6. Paola, 7. Lucia, 8. Clara

Verschnaufpause:

75. cane, zecca, gatto, mucca, zebra, toro, gallo, mosca, capra, rondine, gallina, cavallo, orso, coniglio, pecora, marmotta, zanzara, corvo, lepre, lumaca

76. 1. + 3. una gatta bianca (Benina), un cane nero (Fido), un pesce rosso (Carlo); 2. tutti e tre vivono in casa; 4. Clara è la padroncina di Benina e ha sette anni. 5. la gatta e il pesce

77. capolavoro, cap(o)ufficio, sordomuto, marciapiede, pescecane, portapacchi, capostazione, pesce spada, camposanto, cassaforte, terracotta, portalettere

Verschnaufpause: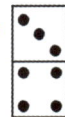

79. chiave + buco della serratura; schermo + computer; bullone + vite; sigaretta + fiammifero; lampada + lampadina; telefono + cornetta; occhiali + naso; pettine + capelli; coperchio + pentola; guanto + mano; filo + ago

80. 1. affettatrice, 2. frigorifero, 3. forbici, 4. ago, 5. strofinaccio, 6. spremiagrumi, 7. martello, 8. lettore CD, 9. forno, 10. paletta

81. Vuoi trovare il tesoro? Fa' otto passi verso nord, partendo dalla roccia a forma di teschio. Fa' altri trenta passi verso est e scava una buca. Sotto terra troverai una cassa piena di monete d'oro.

Verschnaufpause:

6	1	8
7	5	3
2	9	4

82. Buon Natale!

83. <u>Panzer:</u> Combatteranno ancora con la clava? <u>Schuhe:</u> Vestiranno ancora con le pelli? <u>Heizung:</u> Si scalderanno ancora con il fuoco? <u>Supermarkt:</u> Dovranno ancora cacciare per cibarsi? <u>Bett:</u> Dormiranno ancora in una caverna?

84. 2. zweites Wort (andrai), 3. drittes Wort (dirà), 4. viertes Wort (inviteremo), 5. fünftes Wort (passerete), 6. sechstes Wort (verranno)

85. Mögliche Lösungen:
G: gelato / gatto, gallo, gallina / genitore, giovane / giocare
L: lasagne, latte / lepre / ladro / lavorare
M: minestra / mucca, mosca / madre, medico / mangiare
P: patata, pepe / pecora / padre / prendere, prenotare
S: salame / serpente / salumiere / sciare

Verschnaufpause:

86. 1. marito, 2. spera, 3. acqua, 4. grammatica, 5. il fare, 6. tuoi
3-a; 6-b; 1-c; 5-d; 2-e; 4-f

87. 1. la cintura di sicurezza; 2. la Borsa; 3. la tovaglia; 4. la pasta; 5. una regola

88. mare – male – tale – tele – mele – mese

89. 1. bianco; 2. giallo; 3. blu; 4. verde; 5. nero; 6. blu; 7. bianco

90. 2. Sakko = giacca → sacco = Sack; 3. Kamera = macchina fotografica → camera = Zimmer; 4. Regal = scaffale → regalo = Geschenk; 5. Boxer = pugile → boxer = Boxershorts; 6. Stipendium = borsa di studio → stipendio = Gehalt

91. attore / teatro; camion / camino; casco / sacco; satira / risata; mani / mina; mancia / manica; dono / nodo; lepre / perle; gelato / tegola

Verschnaufpause: Nach 12 Tagen (wenn man am 12. Tag das Seil um 2 Meter kürzt, bleiben nur noch 2 Meter übrig).

92. Mögliche Lösung: adottare un bambino, sposare una persona, portare un regalo, mettere un vestito, fare il medico, promuovere uno studente, impostare una lettera, stendere la biancheria; promuovere una campagna, sposare un'idea, portare iella, mettere paura, fare notizia, stendere una lettera, impostare un problema, adottare un metodo

94. 1. ballo, 2. panda, 3. santo, 4. ballo, 5. pelle

97. lampada, passeggino, gomma, carnagione, gamba, grandine, novembre, lettera, orecchio, rumore, piscina, termosifone, salotto, posto fisso, lavoro nero, esercitare una professione

98. Bambina mette nonna su eBay
Una bambina di 10 anni ha messo in vendita la nonna su eBay perché non la sopportava più. Sul famoso sito di aste la bambina ha descritto la nonna come una persona che si lamenta in continuazione, ma anche molto affettuosa. La bambina non ha messo un limite minimo di prezzo, ma, prima della cancellazione da parte di eBay, sono arrivate 27 offerte.

99. Pescato piranha da tre etti
È stato pescato un piranha adulto da tre etti. Una grossa sorpresa per il pescatore che è tornato a casa con l'insolita preda. Potrebbe trattarsi di un piranha che qualcuno ha gettato nel fiume dopo aver svuotato l'acquario di casa.

100. sequestrare, chiedere il riscatto, arrestare, denunciare, rapimento, rapire, rapitore, accusare, estorsione;
ha ricevuto, annunciava, era stato rapito, servivano, ha accettato, ha chiamato

101. 1. f; 2. b; 3. d; 4. e; 5. a; 6. c

102. 1. Un pensionato di 70 anni. 2. Ha trovato un portafoglio con una schedina vincente e l'ha restituito al proprietario.

105. 1. sì (uno nel titolo) 2. 38 parole; 3. sei articoli: il (cielo, blu), l'(atmosfera), la (terra, luce), uno (strato); 4. due numeri (uno + sette); 5. tre "la" che hanno significati diversi (articolo: la terra, la luce / pronome: la protegge).

Verschnaufpause: 60 (vom 1. bis 30. April 30 Blätter und vom 1. bis 30. Mai ebenfalls 30 Blätter; der 31. braucht nicht abgerissen zu werden)

106. Si chiama Cocorito. / Il suo nome è Cocorito; Vive negli Stati Uniti. / Vive in America.; pappagallo / animale; bimbo / bambino; perfettamente / alla perfezione; i vocaboli / i termini

107. 2. nella seconda (Nino Caretti); 3. nella terza (13); 4. nella seconda (Napoli); 5. nella prima (Guinness); 6. nella terza (il maggior), 7. nella seconda (mondiale) e nella terza (maggior).

Verschnaufpause:

108. 1. strada, 2. limite, 3. contravvenzione, 4. velocità, 5. volante, 6. codice

109. 1, 4, 3, 2

110. 1. A Venezia. 2. In occasione del carnevale. 3. Da 25 a 500 €. 4. Dal 7 al 24 febbraio.

Folgende Abkürzungen und Fachbegriffe werden verwendet:

m.	maskulin	*-isc*	Verb mit Stammerweiterung
f.	feminin	*unver.*	unveränderliche Form
Pl.	Plural	a̲lbero	Unterstreichung gibt unregelmäßige Betonung an
		*	unregelmäßiges Verb

Bei Wörtern mit Mehrfachbedeutungen ist die entsprechende Übungsnummer in Klammern angegeben (VP = Verschnaufpause).

a destra	(nach) rechts	agire	handeln
a forma di	in ...-Form	aglio	Knoblauch
a patata (naso)	Kartoffelnase	ago	Nadel
a pois	gepunktet	agosto	August
a righe (orizzontali)	mit (Quer-)Streifen	aiuto (chiedere*	Hilfe (um Hilfe
a sinistra	(nach) links	aiuto)	bitten)
abbigliamento	Kleidung	al centro	in der Mitte
abitare	wohnen	al momento	zur Zeit
abitu̲dine (*f.*)	Gewohnheit	a̲lbero	Baum
accanto a	neben	alcuni, -e	einige
accappatoio	Bademantel	alimento	Lebensmittel
accarezzare	streicheln	all'esterno	draußen
accettare	akzeptieren	all'improvviso	plötzlich
accetta̲zione (*f.*)	Check-In	alla francese (naso)	Stups(nase)
accumula̲re	anhäufen	alla perfezione	perfekt
accusare (di)	anklagen (wegen)	alle (+ *Uhrzeit*)	um ... Uhr
aceto	Essig	allegro	heiter, fröhlich
acqua (minerale)	(Mineral-)Wasser	allora	also, dann
acqua a catinelle	Regenguss	alto	groß; hoch
acquario	Aquarium	altrimenti	andernfalls
acuto	scharf	altro, -a	anderer, -e, -es
addormentato	schlafend		(4, 86, 104);
aderente	eng anliegend		weiterer, -e, -es
adottare	adoptieren		(81, 107)
adottare un me̲todo	anwenden (eine	alzarsi	aufstehen
	Methode)	amante (*m. + f.*) (di)	Liebhaber (von)
Adria̲tico	Adria-	amaro	bitter
adulto	ausgewachsen	ambiente (*m.*)	Umgebung
aereo	Flugzeug	amico	Freund
aeroporto	Flughafen	anche	auch
affare (*m.*)	Geschäft	ancora	(immer) noch
affatto	gar nicht	andare*	gehen; fahren
affettato	Aufschnitt	andare a ballare	zum Tanzen
affettatrice (*f.*)	Schneide-		gehen
	maschine	andare a letto	schlafen gehen
affettuoso	liebevoll	andare a piedi	zu Fuß gehen
africano grigio	Graupapagei	andare a sciare	Ski fahren
aggettivo	Adjektiv, Eigen-	andare in autostop	per Anhalter
	schaftswort		fahren
aggressivo	aggressiv	andare in bicicletta	Rad fahren

andare in montagna	in die Berge gehen, wandern gehen
andare in palestra	ins Fitness-Studio gehen
andare incontro (a)	(jdm./etw.) entgegengehen
andare via	weggehen, fortgehen
animale (*m.*)	Tier
anno	Jahr
anno scolastico	Schuljahr
annunciare	ankündigen (86); mitteilen (100)
annusare	schnuppern
annuvolamento	Bewölkung
antenato	Vorfahre
antropologo	Anthropologe
anziano	alter Mann
apparecchio acustico	Hörgerät
apparire*	erscheinen
appartamento	Wohnung
appena	soeben, gerade
appena nato	eben erst auf die Welt gekommen
appoggiarsi (a)	(an)lehnen
apprendista (*m. + f.*)	Auszubildende(r)
aprile (*m.*)	April
aprire	öffnen
aquilino (naso)	Adlernase
architettura	Architektur
armadio	Schrank
armato (di)	bewaffnet (mit)
arredamento	Einrichtung
arrestare	verhaften
arrivare	ankommen
arrivederci	auf Wiedersehen
arrosto	Braten
articolo	Artikel, Begleiter
ascensore (*m.*)	Aufzug
asciugamano (*m.*)	Handtuch
asciugare	abtrocknen
ascoltare	(an/zu)hören
asiatico	asiatisch
aspirapolvere (*m., unver.*)	Staubsauger
assaggiare (assaggiò *passato remoto*)	kosten, probieren (er hat probiert)
assieme a	zusammen mit
assordante	ohrenbetäubend

assumere*	einstellen
asta	Auktion
atmosfera terrestre	Erdatmosphäre
attentamente	aufmerksam
attento	aufmerksam
atterraggio	Landung
attesa	Erwartung
attività	Aktivität
attivo	aktiv, sportlich
attore (*m.*)	Schauspieler
attraversare	überqueren
auguri	Glückwünsche
austriaco	Österreicher; österreichisch
auto(mobile) (*f.*)	Auto
autobus (*m.*)	Bus
autocarro	Lastwagen
autonomo	selbstständig
autunno	Herbst
avere*	haben
avere ... anni	... Jahre alt sein
avere l cuore in mano	gütig, großzügig sein
avere le mani bucate	das Geld zum Fenster hinauswerfen
azienda (familiare)	(Familien-)Betrieb
Azienda Sanitaria Locale (ASL)	*lokale öffentliche Gesundheitseinrichtung*
azzardato	riskant
azzurro	(azur)blau
bacca	Beere
baffi (*Pl.*)	Schnurrbart
bagagliaio	Kofferraum
bagaglio	Gepäck
bagno	Badezimmer
balcone (*m.*)	Balkon
ballo	Tanz
bambino, -a	Kind
banca	Bank
bandito	Krimineller
bar	Bar
barba	Bart
barca	Boot
basso	klein, niedrig
bastoncino	Stock
bastone (*m.*)	Stock
bel(lo)	schön
bene	gut
benissimo	sehr gut

benzina	Benzin
bere*	trinken
berretto	Mütze, Kappe
bevanda	Getränk
biancheria	Wäsche
bianco	weiß
bicchiere (*m.*)	(Trink-)Glas
bicicletta	Fahrrad
bidè (*m.*)	Bidet
bidone (*m.*) delle immondizie	Mülltonne
bikini (*m.*, *unver.*)	Bikini
bimbo	(kleines) Kind
binario	Gleis
biro (*f.*, *unver.*)	Kugelschreiber
birra	Bier
bisnipote (*m.* + *f.*)	Urenkel(in)
bisnonno, -a	Urgroßvater, -mutter
bistecca	Steak
blu	blau
bocca	Mund
bollire	kochen
bombola	Sauerstoffflasche
Borsa	Börse
borsa di studio	Stipendium
borsetta	Handtasche
borsone (*m.*)	Reisetasche
bosco	Wald
bottiglia	Flasche
boxer	Boxershorts
braccio (*m.*) (*Pl.* le braccia *f.*)	Arm
brizzolato	grau meliert
brutto	hässlich
buca	Loch, Grube
buco della serratura	Schlüsselloch
bue (*m.*) (*Pl.* buoi)	Ochse
bullone (*m.*)	Mutter (*Schraube*)
Buon Natale!	Frohe Weihnachten!
buono	gut
burro	Butter
bustina	Beutel
C'è il sole.	Die Sonne scheint.
C'è la nebbia.	Es ist neblig.
cacciare	jagen
caffè (*m.*)	Kaffee
caldo	warm, heiß (44); Hitze (54, 63)
calvo	glatzköpfig

calzino	Socke
camera	Zimmer
camera da letto	Schlafzimmer
camicetta	Bluse
camicia	Hemd
camino	Kamin, Schornstein
camion	LKW
camminare	(herum)gehen
campare	leben
campo	Feld
camposanto	Friedhof
cancellazione (*f.*)	Löschung
cancello	(Gitter-)Tor
cane (*m.*)	Hund
canottiera	Unterhemd
cantare	singen
cantina	Keller
canto	Gesang, Lied
canzone (*f.*)	Lied
caos	Chaos
capace	fähig, geschickt
capello	Haar
capitale (*m.*)	Vermögen, Kapital
capitale circolante	Umlaufkapital
capitale fisso	Anlagenkapital
capitale netto	Eigenkapital
capo	Kopf
capo di abbigliamento	Kleidungsstück
Capodanno	Neujahr
capolavoro	Meisterwerk
capostazione (*m.*)	Bahnhofsvorsteher
cap(o)ufficio	Bürovorsteher
cappello	Hut
cappotto	Mantel
capra	Ziege
Carabinieri (*Pl.*)	Polizei
carciofo	Artischocke
carnagione (*f.*)	Hautfarbe
carne (*f.*)	Fleisch
carnevale (*m.*)	Karneval
carnoso	voll
caro	teuer
carta	Papier (20, 70); Pappe (20)
carta d'imbarco	Boardingpass
carta igienica	Klopapier
cartoleria	Schreibwarenladen
cartone (*m.*)	Karton, Pappe

casa	Haus, Zuhause
casco	Helm
cassa	Kasten, Kiste
cassaforte (*f.*)	Safe
cassetto	Schublade
castagna	Kastanie
cavallo	Pferd
caverna	Höhle
celibe	ledig (*Mann*)
cena	Abendessen
cenare	zu Abend essen
centro	Mitte (45); Stadt-zentrum (72)
cercare	suchen
cervello	Gehirn
che	dass
che (+ *Substantiv*)?	was für; welcher, -e, -es
che (*Relativsatz*)	der, die, das
Che barba!	Wie langweilig!
Che caldo!	Was für eine Hitze!
(che) cosa?	was?
Che fame!	Was für ein Hunger!
Che freddo!	Was für eine Kälte!
Che pioggia!	Was für ein Regen!
Che schifo!	Wie eklig!
Che sete!	Was für ein Durst!
Che sonno!	Was für eine Müdigkeit!
Che tardi!	Wie spät!
Che vento!	Was für ein Wind!
chi?	wer?
chiacchierone	redselig
chiamare	(an)rufen
chiamarsi	heißen
chiaro	hell
chiave (*f.*)	Schlüssel
chicco	(Kaffee-)Bohne
chiedere*	fragen (84); fordern (100); bitten um (103)
chilo	Kilo
chilometro	Kilometer
chiodo	Nagel
chissà (se)	wer weiß (ob)
ci	dort
ci vuole	man braucht
ciabatta	Hausschuh
cibarsi	sich ernähren
cielo	Himmel

cielo a pecorelle	Himmel voller Schäfchen-wolken
cinema (*m.*)	Kino
cintura	Gürtel
cintura di sicurezza	Sicherheitsgurt
cipolla	Zwiebel
circa	etwa
circondare	umgeben
citare	erwähnen
città	Stadt
cittadinanza	Staatsangehörig-keit
clava	Keule
cliente (*m.* + *f.*)	Kunde, -in
codice (*m.*) (della strada)	Straßenverkehrs-ordnung
cognome (*m.*)	Nachname
collana	Halskette
collo	Hals
colorato	bunt, farbig
colore (*m.*)	Farbe
coltello	Messer
combattere	kämpfen
come	wie
come?	wie?
come al solito	wie gewohnt
come se (fosse ...)	als ob (... wäre)
cominciare (a)	beginnen (zu)
commerciante (*m.* + *f.*)	Händler
commesso	Verkäufer
compiere gli anni	Geburtstag haben
completo di	einschließlich
comporre*	bilden
comportarsi	sich verhalten
composto di	zusammengesetzt (aus)
comprare	kaufen
Comune	Gemeinde
con	mit
concerto	Konzert
congelare (dei cibi)	(Speisen) einfrieren
coniglio	Kaninchen
coniugale	Ehe-, ehelich
coniugato	verheiratet
cono	Eistüte
conoscere*	kennenlernen (58); können (106)

contare	zählen
contenere*	beinhalten
contento	zufrieden
contrario (di)	Gegenteil (von)
contravvenzione (f.)	Verwarnung
controllo bagagli	Gepäckkontrolle
contromano	in Gegenrichtung
convenuto	vereinbart
convivente (m.+ f.)	Lebensgefährte, -in
coperchio	Deckel
coperta	Decke
cornetta	Telefonhörer
coro	Chor
corpo	Körper
corporatura	Körperbau
corriera	Überlandbus
corsia (di emer- genza)	Standspur
corto	kurz
corvo	Rabe
così	so
costare (un occhio della testa)	kosten (sehr teuer sein)
costruire (-isc)	erbauen
cotoletta	Schnitzel
cotto (cuocere*)	gekocht
cravatta	Kravatte
credere	glauben
crema solare	Sonnencreme
crepare	krepieren
cric	Wagenheber
crisi (f., unver.)	Krise
critico gastronomico	Gastronomie- kritiker
crollare	einstürzen, zusam- menbrechen
cuccetta	Liegewagenplatz
cucchiaino	Teelöffel
cucchiaio	Löffel
cuccia	Hundehütte
cucina	Küche
cucinare	kochen
cucire	nähen
cugino, -a	Cousin, Cousine
cuoio	Leder
curioso	sonderbar
da dove?	woher?
da giovane	als ich ein Kind war
da parte di	seitens
dal ... al	vom ... bis (zum)

dare*	geben
data di nascita	Geburtsdatum
data di rilascio	Ausstellungsdatum
data di scadenza	Ablaufdatum
davanti	davor
davanti a	vor
davvero	wirklich, echt
debole	schwach
decisione (f.)	Entscheidung
decollo	Start (Flugzeug)
decorazione (f.)	Dekoration
denaro	Geld
dentiera	Gebiss
dentro	darin
denunciare	anzeigen
descrivere*	beschreiben
detentore (m.) di un record	Rekordhalter
detergente (m.)	Reinigungsmittel
di ... anni	... Jahre alt
Di che colore è?	Welche Farbe hat er/sie?
di fronte a	gegenüber
di notte	nachts
dicembre (m.)	Dezember
dietro	hinter
diffuso (diffondere*)	verbreitet (verbreiten)
dimenticare	vergessen
dipingere*	malen
dire*	sagen
direttore (m.)	Chef
disoccupato	arbeitslos; Arbeitsloser
disordinato	unordentlich
distante	entfernt
distratto	abgelenkt
distributore (m.)	Tankstelle
dito (m.) (Pl. le dita f.)	Finger
ditta	Firma
divano	Sofa
diverso	unterschiedlich
divieto d'accesso	Zutritt verboten
divorziato	geschieden
dizionario	Wörterbuch
doccia	Dusche
dolce	süß
dollaro	Dollar
domani	morgen
domenica	Sonntag

donna	Frau
dono	Geschenk, Gabe
dopo	nachdem (93, 99), danach (103)
doppio	Doppelte
dormire	schlafen
dove	wo
dove?	wo? (76), wohin? (25)
dovere*	müssen, sollen
durante	während
durare	dauern
duro	hart
e	und
È l'una.	Es ist ein Uhr.
È mezzanotte.	Es ist Mitternacht/ zwölf Uhr.
È mezzogiorno.	Es ist Mittag/ zwölf Uhr.
eccesso di velocità	Geschwindigkeits- überschreitung
elegante	elegant
elementari (f., Pl.)	Grundschule
elettrodomestico	Haushaltsgerät
elezioni (f., Pl.)	Wahlen
energia	Energie
enigma (m.; Pl. enigmi)	Rätsel
entrare	betreten, eintreten, reinkommen
Ercole	Herkules
esame (m.)	Prüfung; Klausur
esatto	richtig
esaudire (-isc)	erhören
esercitare una professione	einen Beruf ausüben
esercizio	Übung, Aufgabe
esigente	anspruchsvoll
esserci* (c'è / ci sono)	geben, vorhanden sein
esserci di mezzo	dazwischen liegen
essere*	sein
essere di	kommen aus (3); aus (einem Ma- terial) sein (89)
essere in gamba	auf Draht sein
essere in grado	in der Lage sein
essere in missione	im Einsatz sein
essere in vendita	erhältlich sein
est	Ost(en)

estate (f.)	Sommer
estorsione (f.)	Erpressung
estroverso	extrovertiert
Etiopia	Äthiopien
etto	hundert Gramm
evitare	vermeiden
Fa caldo / freddo.	Es ist warm / kalt.
facciata	Fassade
facile	einfach
falso	falsch
famoso	bekannt, berühmt
fantasia	Fantasie
far tornare	zurückbringen
fare* (fece passato remoto)	machen, tun (er hat gemacht)
fare (+ Beruf)	von Beruf sein
fare (+ Infinitiv)	lassen
fare colazione	frühstücken
fare compagnia (a)	(jdm) Gesellschaft leisten
fare delle flessioni	Liegestütze machen
fare due passi	ein paar Schritte gehen
fare la doccia	(sich) duschen
fare male	weh tun
fare notizia	Aufsehen erregen
fare una passeggiata	einen Spaziergang machen
fare una pausa	eine Pause machen
faro	Scheinwerfer
fatica	Mühe; Tat
fatto	Ereignis
febbraio	Februar
felice	glücklich
felino	Katzentier
femminile	feminin, weiblich
ferie (f., Pl.)	Ferien, Urlaub
fermata dell' autobus	Bushaltestelle
Ferragosto	Mariä Himmelfahrt (15. August)
festa	Fest, Feier
festeggiamento	Feier
fiammifero	Streichholz
figlio	Sohn
filetto	Filet
film (m.)	Film
filo	Faden
finestra	Fenster

finestrino	Fenster (in Fahrzeugen)	genero	Schwiegersohn
finire (-isc)	(be)enden	generoso	großzügig
fino	bis	genitori (m., Pl.)	Eltern
fiore (m.)	Blume	gennaio	Januar
firma	Unterschrift	gentile	höflich, nett
fischiare	pfeifen	gettare	werfen
fiume (m.)	Fluss	ghiaccio	Eis
flacone (m.)	Plastikflasche (für Reinigungsmittel)	giacca	Jacke; Sacko
		giallo	gelb
		ginocchio (m.) (Pl. le ginocchia f.)	Knie
folto	dicht, dick		
fondamentalmente	grundsätzlich	giocare	spielen
fondi di caffè	Kaffeesatz	giocare a calcio	Fußball spielen
fonetico	phonetisch	giocare a carte	Karten spielen
forbici (f., Pl.)	Schere	giocare a pallone	Ball spielen
forchetta	Gabel	giocare a tennis	Tennis spielen
formare	bilden	giocatore (m.)	(Fußball-)Spieler
forno	Ofen	giornale (m.)	Zeitung
forse	vielleicht	giornata	Tag
forte	stark	giorno	Tag
forzare	aufbrechen	giovane	jung; Jugendliche(r)
foschia	Dunst		
foulard	Halstuch	giovedì	Donnerstag
fra	zwischen	girare	umherfahren
fragola	Erdbeere	Giro d'Italia	ital. Etappen-Radrennen
francese	Franzose, Französin; französisch		
		giudicare	(be)urteilen
frase (f.)	Satz	giugno	Juni
frate (m.)	Bruder, Mönch	giungla	Dschungel
fratello	Bruder	gol	Tor
freddo	kalt	gomito	Ellbogen
freno	Bremse	gomma	Radiergummi
frigorifero	Kühlschrank	gonna	Rock
frittata	Omelett	grammatica	Grammatik
frizione (f.)	Kupplung	grana (m.)	ital. Käsesorte
frutta	Obst	grande	groß
frutto	Frucht	grandinare	hageln
fumare	rauchen	grandine (f.)	Hagel
funzionare (alla grande)	(sehr gut) funktionieren	grasso	dick
		grattacielo	Wolkenkratzer
		grazie a	dank
fuoco	Feuer	grembiule (m.)	Schürze
gallina	Henne	grigio	grau
gallo	Hahn	grosso	dick
gamba	Bein	gruppo (di lavoro)	(Arbeits-)Gruppe, Team
gatto	Katze		
gelato	(Speise-)Eis	guanto	Handschuh
geloso	eifersüchtig	guardare	(an)schauen
gene (m.)	Gen	guardare la tv	fernsehen
gene-chiave (m.)	Schlüsselgen	guscio	Schale
		gusto	Geschmack(ssinn)

iella	Unglück
ieri	gestern
illegale	illegal
illogico	unlogisch
imbecille	dumm
immagine (f.)	Bild, Abbildung
immorale	unmoralisch
impaziente	ungeduldig
imperfetto	Imperfekt
impermeabile (m.)	Regenmantel
impiego	Stelle
importante	wichtig
impostare	einwerfen
impostare un problema	ein Problem angehen
impulsivo	impulsiv
in avanti	nach vorn
in calo	im Abwärtstrend
in continuazione	dauernd
in due	beide
in occasione di	anlässlich
in più di quanto previsto	mehr als vorgesehen
in rialzo	steigend
in seguito a	in Folge von
in senso contrario	in Gegenrichtung
in sosta	haltend
in uso	gebräuchlich
in via definitiva	rechtskräftig
in vita	lebend
incapace	unfähig, ungeschickt
incasso	Einnahme
incidente (m.) (stradale)	(Verkehrs-)Unfall
incontrare	treffen
indietro	zurück, nach hinten
individuare	herausfinden
indossare	tragen, anziehen
infatti	in der Tat
ingegnere (m.)	Ingenieur
inglese	Engländer(in); englisch
ingresso	Eingang
insalata	Salat
insapore	geschmacklos
insegnante (m.+ f.)	Lehrer(in)
inseguire	verfolgen
insoddisfatto	unzufrieden
insolito	ungewöhnlich

intelligente	intelligent
intero	ganz
intervista	Interview
intraprendente	unternehmungslustig
introdurre*	eintreten lassen
intromettersi* (in)	sich einmischen (in)
invecchiare	altern
invece	dagegen
inverno	Winter
invertire	vertauschen
investimento	Investition
invitare	einladen
invito	Einladung
irregolare	unregelmäßig
isolato	abgeschieden
italiano	Italiener; italienisch
labbro (m.) (Pl. .e labbra f.)	Lippe
laccio delle scarpe	Schnürsenkel
ladro(ne) (m.)	Dieb
lamentarsi	sich beschweren
lampada	Lampe
lampadina	Glühbirne
lana	Wolle
largo	weit, breit
lasagne (f., Pl.)	Lasagne
lasciare	lassen (105); aussteigen (101)
latte (m.)	Milch
lattina	Dose
lavancino	Waschbecken
lavare	spülen
lavastoviglie (f. unver.)	Geschirrspüler
lavatrice (f.)	Waschmaschine
lavorare	arbeiten
lavoro	Arbeit
lavoro nero	Schwarzarbeit
legale	legal
leggenda	Legende
leggere*	lesen
lei	sie
lepre (f.)	Hase
lettera	Buchstabe (41 VP, 97); Brief (77, 92, 97)
letto	Bett
letto a due piazze	Doppelbett

lettore (m.) CD	CD-Player
libera professione	freier Beruf
libro	Buch
licenziare	entlassen
lilla	lila
limite (m.)	Grenze, Begrenzung
limonata	Limonade
liscio	glatt
lista	Liste
litigare	streiten
logico	logisch
lontano	weit entfernt
luce (f.) (solare)	(Sonnen-)Licht
luglio	Juli
lui	er
lumaca	Schnecke
luminoso	strahlend, leuchtend
lunedì	Montag
lungo	lang
luogo	Ort
luogo di nascita	Geburtsort
ma	aber (7); sondern (58)
macchina	Auto
macchina foto-grafica	Fotoapparat
macelleria	Metzgerei
madre (f.)	Mutter
maggio	Mai
maggior numero (il)	die größte Anzahl
maglia	Trikot
maglione (m.)	Pullover
magro	schlank, dünn
mai	nie
maiale (m.)	Schwein
male	schlecht
mamma	Mama
Mamma mia, se ...!	Ach du lieber Himmel, wie ...!
mancia	Trinkgeld
mangiare	essen
manica	Ärmel
mano (f.) (Pl. le mani)	Hand
manzo	Rind
marcia	Gang
marciapiede (m.)	Gehweg
marcio	faul, verdorben
mare (m.)	Meer

marito	Ehemann
marmotta	Murmeltier
martedì	Dienstag
martello	Hammer
marzo	März
maschera	Taucherbrille
maschile	maskulin, männlich
materasso	Matratze
matita	Bleistift
matterello	Nudelholz
mattina	Morgen
mattinata	Vormittag
mattone (m.)	Ziegelstein
medico	Arzt, Ärztin
meglio	besser
mela	Apfel
melone (m.)	Melone
memoria	Gedächtnis
meno (di)	weniger (als)
mente (f.)	Geist
mentre	als, während
mercato	Markt
mercoledì	Mittwoch
mese (m.)	Monat
metà	Hälfte
metro	Meter
metro quadro	Quadratmeter
mettere*	setzen, stellen, legen (39); packen (49)
mettere dito	sich einmischen
mettere in vendita	zum Verkauf anbieten
mettere paura (a)	(jdm) Angst einjagen
mezzo/-a	halb
mi dispiace	es tut mir leid
mi piace	mir gefällt
miagolare	miauen
micio	Mieze
migliore (il / la)	der, die, das Beste
milione (m.)	Million
mina	Mine
minestra	Suppe
minimo	Unter-, Mindest-
mio (il)	mein
mobile (m.)	Möbel(stück)
modo colloquiale	umgangssprach-licher Ausdruck
moglie (f.)	Ehefrau

moltissimo	sehr (viel)
molto (+ *Adjektiv* / *Adverb*)	sehr; viel
momento	Augenblick
monaco	Mönch
mondo	Welt
moneta	Münze
montagna	Berg(e)
morale	moralisch
morbido	weich
mosca	Fliege
moto (*f.*, *unver.*)	Motorrad
mucca	Kuh
multa	Geldstrafe
multare	mit einer Geld- strafe belegen
muro	Mauer
musica	Musik
muta	Taucheranzug
mutande (*f., Pl.*)	Unterhose
muto	stumm
nascere* (è nato)	entstehen (93); geboren werden (107)
naso	Nase
Natale (*m.*)	Weihnachten
nave (*f.*)	Schiff
navigare su Internet	im Internet surfen
ne	davon
né ... né	weder ... noch
nebbia	Nebel
negozio	Geschäft
nel corso di	im Laufe (des)
nemico	Feind
nero	schwarz
neve (*f.*)	Schnee
nevicare	schneien
nipote (*m.*+ *f.*)	Enkel(in); Neffe/ Nichte
no	nein
nodo	Knoten
nome (*m.*)	(Vor-)Name
nome di parentela	Verwandtschafts- bezeichnung
nome proprio	Eigenname
non	nicht
non ... mai	nie
non ... neanche	nicht ... (und) auch nicht
non ... niente	nichts
non ... più	nicht ... mehr

nonno, -a	Großvater, -mutter
nord	Nord(en)
nostalgia	Sehnsucht
notare (notò *passato remoto*)	bemerken (er hat bemerkt)
notizia	Nachricht, Neuigkeit
notte (*f.*)	Nacht
novembre (*m.*)	November
nubile	ledig *(Frau)*
numero	Zahl
numero di telefono	Telefonnummer
nuora	Schwiegertochter
nuvola	Wolke
nuvoletta	Wölkchen
nuvoloso	wolkig, bedeckt
o	oder
occhiali (*m., Pl.*)	Brille
occhiali da lettura	Lesebrille
occhiali da vista	(Seh-)Brille
occhio	Auge
occupato	besetzt
odiare	hassen
odissea	Odyssee (Irrfahrt)
odore (sgradevole) (*m.*)	(unangenehmer) Geruch
offerta	Angebot
oggi	heute
olfatto	Geruch(ssinn)
olio	Öl
ombrello	Regenschirm
operaio	Arbeiter
ora	Stunde
ora del tè	Teezeit
ordinato	ordentlich
orecchio (*m.*) (*Pl.* le orecchie *f.*)	Ohr
origine (*f.*)	Ursprung
oro	Gold
orologio	Uhr
orso	Bär
ospedale (*m.*)	Krankenhaus
ospitare	beherbergen
osservare	beobachten, betrachten
ottobre (*m.*)	Oktober
ovale	oval
ovunque	überall
pacco	Paket
pacifico	friedlich

padre (*m.*)	Vater
padrino	Pate
padrona	Besitzerin, Frauchen
padroncina	Frauchen
padrone (*m.*)	Besitzer, Herrchen
paese (*m.*)	Gegend (86); Land (93)
paffuto	pausbäckig
paletta	kleine Schaufel
palla	Ball
pallido	blass
pallina (di gelato)	(Eis-)Kugel
panca	(Sitz-)Bank
pancia	Bauch
panda (*m., unver.*)	Panda
pane (*m.*)	Brot
panificio	Bäckerei
panino	Brötchen
panino imbottito	belegtes Brötchen
panno	Stoff
pantaloni (*m., Pl.*)	Hose
pantofola	Pantoffel
pappagallo	Papagei
parcheggiare	parken
parcheggio	Parkplatz
parco	Park
parentela	Verwandtschaft
parere*	scheinen
parete (*f.*)	Wand
parlare	sprechen
parola	Wort
partecipare (a)	teilnehmen (an)
participio passato	Partizip Perfekt
partire	abfahren, abreisen; starten
Pasqua	Ostern
passaggio	Durchgang
passare	durchgehen, -fahren (65); verbringen (71); vorbeigehen (72); bestehen (84); durchdringen (105)
passare un esame	eine Prüfung bestehen
passato prossimo	Perfekt
passeggino	Kinderwagen
passionale	leidenschaftlich
passo	Schritt
pasta	Teig
pastore (*m.*)	Hirte
patata	Kartoffel
paura	Angst
pavimento	Fußboden
paziente	geduldig
pecora	Schaf
pedone (*m.*)	Fußgänger
pelle (*f.*)	Haut (75, 94); Fell (83, 94)
peloso	behaart
pendere	hängen
penna	Kugelschreiber
pensare	denken
pensionato	Rentner
pentola	Topf
pepe (*m.*)	Pfeffer
per	für
per (+ *Infinitiv*)	um … zu
per (+ *Zeit*)	… lang, für …
per adesso	gerade
per aver viaggiato	weil sie gefahren sind
per fortuna	zum Glück
per me	für mich
per niente	überhaupt nicht
perché	weil
perché?	warum?
perfettamente	perfekt
perla	Perle
però	aber
persona	Person
personaggio	Persönlichkeit
pesare	wiegen
pescare	fischen
pescatore (*m.*)	Fischer
pesce (*m.*)	Fisch
pesce rosso	Goldfisch
pesce spada (*m.*)	Schwertfisch
pescecane (*m.*)	Haifisch
pettine (*m.*)	Kamm
piano	Stock(werk)
pianta	Pflanze
piantare un chiodo	einen Nagel schlagen
piatto	Teller
piazza	Platz
picchiare	schlagen
piccolo	klein
piede (*m.*)	Fuß

pieno (di)	voll (mit)
pigiama (*m.*)	Schlafanzug
pigro	faul
pinna	Flosse
pioggia	Regen
piovere*	regnen
piranha (*m., unver.*)	Piranha
piscina	Schwimmbad
più	mehr
più (+ *Adjektiv /* *Adverb*)	...er (*Komparativ*)
(il / la) più (+ *Adjektiv*)	der / die ...ste
più ... che	mehr ... als
piumino	Daunenbett
plastica	Plastik
plurale (*m.*)	Plural, Mehrzahl
poco	wenig
poco dopo	wenig später
poesia	Gedicht
poetessa	Dichterin
poi	dann, danach
polizia	Polizei
poliziotto	Polizist
pollo	Hähnchen; Huhn
pomodoro	Tomate
ponte (*m.*)	Brücke
porco	Schwein
porta	Tür
portafoglio	Geldbeutel
portalettere (*m., unver.*)	Briefträger
portapacchi (*m., unver.*)	Gepäckträger; Paketzusteller
portare	tragen (34, 47, 90); bringen (92)
portineria	Portiersloge
portone (*m.*)	Eingang, Tor
posate (*f., Pl.*)	Besteck
possibile	möglich
possibilità	Möglichkeit
posto fisso	feste Stelle
potere*	können
pratica	Praxis
praticamente	im Grunde
precariato	befristetes Arbeitsverhältnis
precipitazione (*f.*)	Niederschlag
preda	Beute
preferire (-*isc*)	bevorzugen, vorziehen

preghiera	Gebet
prendere*	nehmen
prendere il sole	sich sonnen
prendere un caffè	einen Kaffee trinken
prendere una decisione	eine Entscheidung treffen
prendersi per i capeli	sich in den Haaren liegen
prenotare	reservieren
presente (*m.*)	Präsens, Gegenwart
presto	früh(morgens)
previsioni del tempo	Wettervorhersage
prezzo	Preis
prima	zuerst
prima di	(be)vor
primato	Rekord
primavera	Frühling
primo, -a	erster, -e, -es
principale	wichtigster, -e, -es (106); Haupt- (110)
problema (*m., Pl.* problemi)	Problem
professione (*f.*)	Beruf
profumo	Duft
promettere*	versprechen
promuovere*	versetzen
promuovere una campagna	eine Iniziative fördern
pronipote (*m. + f.*)	Urenkel(in)
pronunciare	aussprechen
proprietario, -a	Besitzer(in)
proprio	richtig (71); erst (84)
prosciutto	Schinken
protagonista (*m. + f.*)	Protagonist(in)
proteggere*	(be)schützen
provare	probieren, kosten
provincia	Provinz
pugile (*m.*)	Boxer
pullman	Reisebus
pullover	Pullover
punto di domanda	Fragezeichen
puzza (di bruciato)	Gestank (nach Verbranntem)
puzzare	stinken
puzzola	Stinktier

puzzolente	stinkend
quaderno	Heft
qual è?	wie lautet?
qualcosa	etwas
qualcuno	jemand
quale? quali?	welcher, -es, es?
quando	(immer) wenn
	(76); als (102)
quando?	wann?
quanti? quante?	wie viele?
quanto fa?	was ergibt?
quarto (un)	Viertel
quasi	fast
quei due	die beiden
quello, -a	jener, -e, -es
questo, -a	dieser, -e, -es
quotidiano	Tageszeitung
raccogliere*	ernten
radio (f., unver.)	Radio
raggio (di sole)	(Sonnen-)Strahl
rapimento	Entführung
rapire (-isc)	entführen
rapitore (m.)	Entführer
re (m.)	König
realizzare	verwirklichen
recapitare	zustellen
recarsi	sich begeben
reclamo	Beschwerde
record mondiale	Weltrekord
regalo	Geschenk
reggiseno	Büstenhalter
regione (f.)	Gegend
regola	Regel
regolare	gleichmäßig,
	regelmäßig
renna	Rentier
responsabile di	verantwortlich für
restare	bleiben
restituire (-isc)	zurückgeben
resto	Rest
ricarica telefonica	Aufladen des
	Prepaid-Telefon-
	kontos
riccio	lockig
ricevere	erhalten
ricevuta	Quittung
ricomporre*	zusammen-
	setzen
ricordare	(sich) erinnern
ridere*	lachen
riempire	füllen

riga	Streifen
righello	Lineal
riguardante	betreffend
rilassarsi	sich entspannen
rilevatore (m.)	(Geschwindig-
(di velocità)	keits-)Messgerät
rimanere*	bleiben
riportare	wiedergeben
riprovare	erneut versuchen
risata	Lachen
riscatto	Lösegeld
risotto	Risotto
rispettare	befolgen
rispolverare	abstauben;
	auffrischen
ritelefonare	noch einmal
	anrufen
ritrovarsi (si ritro-	wieder sein
varono *passato*	(sie waren
remoto)	wieder)
riuscire* (a)	gelingen (zu)
roccia	Fels
romanzo	Roman
rondine (f.)	Schwalbe
rosa	rosa
rospo	Kröte
rosso	rot
rotondo	rund
rovescio	Schauer
rovinare	verderben
rubare	stehlen, klauen
rumore (m.)	Lärm
ruota	Rad, Reifen
ruvido	rau
sabato	Samstag
sacco	Sack
salame (m.)	Wurst
sale (m.)	Salz
salire* su	steigen auf
salone (m.)	Wohnzimmer
salotto	Wohnzimmer
salume (m.)	Wurst
salumiere (m.)	Wursthändler
sandalo	Sandale
santino	Heiligenbildchen
santo	heilig
sapere*	wissen
sapere (di)	schmecken
	(nach)
saper fare	können
satira	Satire

sbadigliare	gähnen	senza	ohne
sbadiglio	Gähnen	senza tanti	ohne viele
sbarcare	aussteigen	comp.imenti	Umstände
sbattere (la porta)	(die Tür)	separato	getrennt
	zuschlagen	sequestrare	entführen
scaffale (*m.*)	Regal	sera	Abend
scaldarsi	sich wärmen	sereno	heiter
scale (*f., Pl.*)	Treppe	serpen:e (*m.*)	Schlange
scapolo	Junggeselle	servire	nötig sein (100);
scarpa	Schuh		benötigen (109);
scarpone (*m.*)	(Ski-)Schuh		nützen (111)
scavare	graben	sesso	Geschlecht
schedina	Tippzettel	settembre (*m.*)	September
scheggiare	(zer)brechen	settimana	Woche
schermo	Monitor	sfiorare	streifen
sci (*m., unver.*)	Ski	sfogliare	durchblättern
sciare	Ski fahren	sgabuzzino	Abstellkammer
sciarpa	Schal	sgocciolare	abtropfen lassen
sciupare	abnutzen	si	man
scomparire*	verschwinden	sì	ja
scontento	unzufrieden	sigaretta	Zigarette
sconto	Abzug, Nachlass	significato	Bedeutung
scontrino (fiscale)	Kassenzettel	signora	Frau
scontro (frontale)	(Frontal-)Zusam-	simile	ähnlich
	menstoß	single (*m. + f.*)	Single
scopa	Besen	sinonino	Synonym
scopare	fegen		(*sinnverwandtes*
scoperta	Entdeckung		*Wort*)
scoprire*	entdecken	sito	Internetseite
scortese	unhöflich	situato	gelegen
scottare	heiß sein	slanciato	schlank
scrivere*	schreiben	slitta	Schlitten
scuola	Schule	snello	schlank
scuro	dunkel	socchiudere*	anlehnen
se	wenn (25 VP,	socievole	gesellig
	53 VP, 111);	socio	Teilhaber
	ob (83, 84)	soddisfatto	zufrieden
secco	trocken (58);	soffrire* d'insonnia	an Schlaflosigkeit
	Restmüll (70)		leiden
secolo	Jahrhundert	soggiorno	Wohnzimmer
secondo, -a	zweiter, -e, -es	sogliola	Seezunge
sedentario	wenig Bewegung	sogno	Traum
	machend	solaio	Dachboden
sedia	Stuhl	solamente	nur
segreto	Geheimnis	sole (*m.*)	Sonne
seminare	säen	solo	nur
sempre	immer	Sono le	Es ist ... Uhr.
sentirci	(gut) hören	sopportare	ertragen
sentire	hören, fühlen,	sopra	auf
	spüren,	sopracciglio (*m.; Pl.*	Augenbraue
	schmecken	le sopracciglia *f.*)	

soprattutto	vor allem
sordo	taub
sordomuto	taubstumm; Taubstumme(r)
sorpasso	Überholvorgang
sorprendere*	ertappen
sorpresa	Überraschung
sorvegliare	bewachen
sosta vietata	Halteverbot
sostare	(an)halten
sottile	dünn, schmal
sotto	unter
spada	Schwert
spagnolo	Spanier; spanisch
spalla	Schulter
spendere*	ausgeben
sperare	hoffen
spesso	oft
spiegare	erklären
spiegare la tovaglia	die Tischdecke ausbreiten
spiegare la voce	die Stimme erschallen lassen
spinaci (m., Pl.)	Spinat
spolverare	abstauben
sporco	schmutzig
sport invernali	Wintersportarten
sportivo	Sportler
sposare	heiraten
sposare un'idea	sich für eine Sache einsetzen
sposato	verheiratet
sposo	Bräutigam
spremiagrumi (m., unver.)	Zitruspresse
stampa	Presse
stanza	Zimmer
stappare una bottiglia	eine Flasche entkorken
stare*	sein, sich befinden, stehen (39); bleiben (86)
stare (+ Gerundium)	gerade dabei sein etw. zu tun
stare male / bene	gut / schlecht gehen
stasera	heute Abend
Stati Uniti (Pl.)	Vereinigte Staaten (von Amerika)

stazione (f.)	Bahnhof
stendere*	(die Wäsche) aufhängen
stendere una lettera	einen Brief verfassen
stesso, -a	selber, -e, -es
stimolante	anregend
stipendio	Gehalt
stiracchiarsi	sich recken und strecken
stivale (m.)	Stiefel
stoffa	Stoff
storto	krumm
straccio	Lappen
strada	Straße
stradale (f.)	Verkehrspolizei
strato di gas	Gasschicht
stretto	eng, schmal
stringere*	fest machen, festbinden
strofinaccio	Wischtuch
studente (m.)	Student
studiare	lernen
studio	Büro (7); Arbeitszimmer (50)
sub	Taucher
succedere*	geschehen, passieren
successione (f.)	Reihenfolge
succhiare una caramella	ein Bonbon lutschen
sudare	schwitzen
suo (il)	sein, ihr
suocero, -a	Schwiegervater, -mutter
suonare	klingeln
suora	Schwester, Nonne
Superenalotto	ital. Lotteriegesellschaft
superlativo	Superlativ (höchste Steigerungsstufe)
supermercato	Supermarkt
superonesto	sehr ehrlich
svegliarsi	aufwachen
svolgere* (un lavoro)	(eine Arbeit) verrichten
svuotare	leeren
tabaccheria	Tabakladen
tacchino	Pute
tagliare	schneiden

tagliatelle (*f., Pl.*)	Bandnudeln
tale (un)	jemand
tamponamento (a catena)	(Massen-)Karambolage
tantissimo	sehr viel
tanto	viel
tappare una bottiglia	eine Flasche verkorken, zuschrauben
tappeto	Teppich
tarchiato	untersetzt
tardi	spät
tatto	Fühlen, Tasten (*Sinn*)
tavolo	Tisch
tazza	Tasse
tè (*m.*)	Tee
teatro	Theater
tedesco	Deutscher; deutsch
tegola	Ziegel
telefonare	telefonieren, anrufen
telefonata	Anruf
telefono	Telefon
televisione (TV, tele) (*f.*)	Fernsehen
televisore (*m.*)	Fernseher
tema (*m.*)	Aufsatz
temperamatite (*m., unver.*)	Spitzer
temperatura	Temperatur
tempo	Zeit (17 VP, 18); Wetter (18, 64, 86)
tempo libero	Freizeit
temporale (*m.*)	Gewitter
tendere*	(aus)strecken
tenere*	halten; abhalten
tergicristallo	Scheibenwischer
termine (*m.*)	Wort
termosifone (*m.*)	Heizkörper
terra	Erde
terracotta	Tonerde, Terrakotta
terrazzo	Terrasse
terzo	dritter, -e, -es
teschio	Totenkopf
tesoro	Schatz
testa	Kopf

testardo	dickköpfig
testo	Text
tetto	Dach
tipo	Art (20); jemand (88)
Tira vento.	Es ist windig.
tirare	ziehen
titolare (*m. + f.*)	Inhaber
titolo	Überschrift, Schlagzeile
toccare	berühren
tornare (a casa)	(nach Hause) zurückkommen
toro	Stier
torta	Kuchen, Torte
totale (*m.*)	Gesamt(größe)
tovaglia	Tischdecke
tovagliolo	Serviette
tra	zwischen (22, 71); in (72); unter (93); darunter (107)
tra loro	untereinander
tramonto	Sonnenuntergang
tranquillamente	ruhig
trasgressore (*m.*)	Gesetzesübertreter
trasmettere* (trasmise *passato remoto*)	weitergeben (er hat weitergegeben)
trasmissione (*f.*)	Sendung
trasparente	durchsichtig
trattarsi di	sich handeln um
treno	Zug
trisnonno	Ururgroßvater
tritare	zerkleinern
troppo	zu (sehr, viel)
trovare	finden
trovarsi	sich befinden
tumore (*m.*)	Tumor
tuonare	donnern
tuono	Donner
tuta (da ginnastica)	Trainingsanzug
tutt'altro che	alles andere als
tutte le volte	jedesmal
tutti (gli altri)	alle (anderen)
tutti e due	beide
tutto (+ *Artikel*)	ganz
tutto quello che	all das, was
udito	Hören (*Sinn*)

ufficio	Büro, Abteilung
ufficio personale	Personal-abteilung
ufficio postale	Post(amt)
ufficio vendite	Verkaufsabteilung
umido (organico)	Biomüll
un po' (di)	ein bisschen, etwas (von)
università	Universität
uomo (*Pl.* uomini)	Mann
uovo (*m.*) (*Pl.* le uova *f.*)	Ei (Eier)
urlare	heulen
usare	benutzen
uscire*	(hin)ausgehen (40, 65); hinaus-fahren (65)
uscita	Ausgang, Ausfahrt
uva	Trauben
vacanza	Ferien
valere*	gelten
vanitoso	eitel
variare	(ver)ändern
vario	verschieden
vasca	Badewanne (52); Fischbecken (76)
vecchio	alt
vedere*	sehen
vedovo, -a	Witwe(r)
vegetariano	Vegetarier
velocità	Geschwindig-keit
vendere*	verkaufen
vendita	Verkauf
venerdì	Freitag
venire* (vennero *passato remoto*)	kommen (sie kamen)
venire a galla	an die Oberfläche kommen
vento	Wind
veramente	wirklich
verbo	Verb, Tätigkeits-wort
verbo di movimento	Verb, das eine Bewegung ausdrückt
verbo impersonale	unpersönliches Verb
verbo riflessivo	reflexives (rück-bezügliches) Verb
verbo transitivo	transitives Verb (*mit einem Akku-sativobjekt*)
verde	grün
vero	richtig
verso	gegen (*zeitlich*) (40); nach (*Richtung*) (81)
vestaglia	Morgenmantel
vestire	sich kleiden
vestito	Kleid
vetro	Glas
viaggiare	fahren
vicenda	Ereignis
vicino	nah
vicino a	neben, in der Nähe von
vietare	verbieten
vincere* (al lotto)	(im Lotto) gewinnen
vincitore (*m.*)	Gewinner
vino	Wein
viola	violett
virtuoso	fähig
viso	Gesicht
vista	Sehen (*Sinn*)
vita	Leben
vite (*f.*)	Schraube
vitello	Kalb
vittima (della strada)	(Verkehrsunfall-) Opfer
vivere*	leben
vocabolo	Wort
voce (*f.*)	Stimme
volante (*f.*)	mobiles Einsatz-kommando
volentieri	gerne
volere* (volle *passato remoto*)	wollen (er wollte)
volere bene (a)	(jdn) lieb haben
volta	Mal
water	Klo
zampa	Pfote
zanzara	Mücke
zebra	Zebra
zecca	Zecke
zero	null
zio, -a	Onkel, Tante
zoccolo	Holzschuh
zona	Gegend
zucca	Kürbis
zucchino	Zucchini